Inhaltsverzeichnis

Vorwort zur ersten Auflage 1988 7
Vorwort zur erweiterten Auflage 2000 9
Statt einer Einleitung: Gebrauchsanweisung. 11

1. Kapitel
Die Welt, in der wir leben
oder: Wie wir die Welt wahrnehmen und
was wir daraus machen 13
Unsere fünf Sinne. 15
   Übung: Wahrnehmung 18
Die Sinneskanäle in der Wahrnehmung 20
   Übung: Welcher Kanal ist gerade aktiv? 21
Unser Bild der Welt: Wahrnehmung und
Repräsentationssysteme. 26
Woran Sie erkennen, wie Ihr Gesprächspartner
denkt. 30
   Übung: Hören Sie auf die Sprache Ihres Partners –
   Spricht er eine Seh-, Hör- oder Fühlsprache? . . 33
Missverständnisse und wie man sie vermeidet . . . 33
   Übung: Ergänzen Sie! 37
Wörterbuch 38

2. Kapitel
Die Sprache des Körpers
oder: Wie ich mich bewege, so bin ich 41
Wie unsere Körperhaltung uns beeinflusst 43
   Übung: Körperhaltung. 43

Inhaltsverzeichnis

Was Körpersprache über Kontakt aussagt....... 49
   Übung: Der Atem...................... 52
Spiegeln 54
   Übung: Spiegeln....................... 59
Mimik und Gestik gezielt wahrnehmen......... 63
   1. Vorübung.......................... 63
   2. Vorübung.......................... 65
   Variante.............................. 67
   Übung: Gedankenlesen................... 68
Was die Augen verraten.................... 73

3. Kapitel
Unsere Sprache oder: Wie Worte wirken 81
Das Gleiche sagen, Unterschiedliches meinen 83
   Übung: Den Partner „abholen" 83
   Die Metapher vom dunklen Zimmer......... 88
Effektive Kommunikation................... 89
   1. Oft fehlt gerade das Wichtigste im Satz..... 90
   Übung: Vieles bleibt ungesagt............. 90
   2. Selbstauferlegte Einschränkungen........ 95
   3. Verformungen 101
Hilfe, Kreuzverhör!....................... 107

4. Kapitel
Botschaften der Gefühle
oder: Was Gefühle uns sagen können 111
Gefühlen nachspüren 113
Gefühl und Verhalten 115
Wie gehe ich mit Gefühlen um?.............. 119
   Dazu ein kleiner Test 120
Botschaften der Gefühle 121
   Übungen: Kreatives Gestalten 126
   Übung: STOPP!....................... 127

Daniela und Claus Blickhan

Denken, Fühlen, Leben

Vom bewussten Wahrnehmen
zum kreativen Handeln

Weltbild

Genehmigte Lizenzausgabe für Verlagsgruppe Weltbild GmbH,
Steinerne Furt, 86167 Augsburg
Copyright der Originalausgabe, 6. Auflage © 2000
mvgVerlag, Redline GmbH, Heidelberg.
Ein Unternehmen von Süddeutscher Verlag / Mediengruppe

Copyright der Hörbuchausgabe © 2008 mvgVerlag, Redline GmbH,
Heidelberg. Ein Unternehmen von Süddeutscher Verlag / Mediengruppe
℗ MK-MediaSolutions GmbH, München
Sprecherin: Gea Bernard

Illustrationen: Ruth Wild, Augsburg
Umschlaggestaltung: F2 Design, Augsburg
Gesamtherstellung: Bagel Roto-Offset GmbH & Co. KG, Schleinitz
Printed in the EU

ISBN 978-3-8289-5289-8

Alle Rechte vorbehalten.

2009   2008
Die letzte Jahreszahl gibt die aktuelle Lizenzausgabe an.

Einkaufen im Internet: www.weltbild.de

Woher kommen Gefühle? 128
Anker als Helfer 132
Anker als Kraftquellen (Ressourcen) 135
   Übung: Meine persönliche Kraftquelle 140
Doppelt hält besser 145
Warum überhaupt Anker? 146
Funktioniert das wirklich? 148
Wenn Anker allein nicht ausreichen 149
Lieblingsgefühle 150
   Übung: Umgang mit
   „Lieblings-schlechten-Gefühlen" 152

5. Kapitel
Alles hat eine positive Seite
oder: Wie sich gute Absichten verwirklichen lassen   157
Alles hat eine positive Seite 159
Unvermögen ist auch eine Fähigkeit 165
Jedes Problem ist eine Chance 165
   Vorübung: Umdeuten (I) 168
Die verschiedenen Seiten unserer Persönlichkeit .. 170
   Übung: Umdeuten (II) – neue Lösungen 177
Interne Problemlösungskonferenz 184
   Übung: Umdeuten (III) – Verhandlung 185

6. Kapitel
Positiv denken – positiv leben
oder: Wie man Ziele erreichbar macht 189
Positives Denken 191
Wie denkt man positiv? 196
Denken mit allen Sinnen 197
Was ist eigentlich negativ? 200
Der positive Zielrahmen 202
   Übung: Ziele erreichen 215

7. Kapitel
Die Kreativitätsstrategie von Walt Disney oder: Wie man Ziele in die Tat umsetzt 221

Ziele erreichen 223
Was sind Strategien? 223
   Sehen (visuelle Repräsentationen) 226
   Hören (auditive Repräsentationen) 226
   Fühlen (kinästhetische Repräsentationen) 227
Die Disney-Kreativitätsstrategie 228
Das kreative Team: Die Rollen in der Disney-Strategie 228
   1. Der Träumer 229
   2. Der Macher 230
   3. Der Qualitätsmanager 231
Disneys Strategie im Überblick 234
Gelebte Kreativität: Die Disney-Strategie in der Praxis 235
   Die Kreativitätsstrategie in Aktion – ein Beispiel 237
Walt Disneys Beitrag zum Familienleben: Mehr als nur Zeichentrickfilme! 239
   Familienalltag 1:
   Gemeinsam oder gegeneinander? 241
   Familienalltag 2:
   Wie sag ich's meinem Kind? 247

Nachwort 251

Wege in die Praxis 255

Vorwort zur ersten Auflage 1988

Bei beruflichen Weiterbildungen kamen wir zu der Einsicht, dass die psychologischen Erkenntnisse und Forschungsergebnisse, mit denen wir arbeiten, nicht nur für unsere Klienten und Seminarteilnehmer nützlich und wertvoll sind, sondern gerade auch für das alltägliche Leben, für Nicht-Psychologen.

Das gilt besonders für eine psychologische Schulrichtung, mit der wir in den letzten Jahren verstärkt arbeiten: das „Neurolinguistische Programmieren" (NLP)[*]. Deshalb haben wir dieses Buch geschrieben.

Bisher wurden die Neuentwicklungen des NLP nur in Fachbüchern behandelt – unser Ziel war es, ein allgemein verständliches Buch darüber zu schreiben, das keine Fachkenntnisse in Psychologie oder Pädagogik voraussetzt. Deshalb kommt der Begriff NLP im Folgenden in diesem Buch auch nicht mehr vor.

Psychologie beschäftigt sich mit dem Erleben und Verhalten des Menschen. Mit diesem Buch wollen wir Ihnen Wege zeigen, wie Sie Ihr Erleben reicher und Ihr Verhalten flexibler und erfolgreicher gestalten können. Das ist ein hoch gestecktes Ziel. Aus unserer eigenen Erfahrung können wir sagen: Wir glauben, dass es erreichbar ist und den Versuch lohnt.

Claus und Daniela Blickhan, 1988

---

[*] Der Name „Neurolinguistisches Programmieren" weist auf die Zusammenhänge zwischen körperlichen (neurophysiologischen) Strukturen, Sprache (Linguistik) und innerer Verarbeitung (Denkprogramme und -strukturen) hin.

Vorwort zur erweiterten Auflage 2000

Als dieses Buch in der ersten Auflage erschien, war NLP in Deutschland noch kaum bekannt. Die wenigen Veröffentlichungen, die es gab, waren hauptsächlich Übersetzungen von Seminar-Transkripten aus dem Amerikanischen.
Das Bild hat sich in den vergangenen Jahren grundlegend gewandelt:
NLP ist in Deutschland längst kein Fremdwort mehr. Die Methode wird in vielen Bereichen mit Erfolg angewendet. Es lässt sich überall dort einsetzen, wo Menschen miteinander zu tun haben: in der Schule, im Berufsleben, in der Ausbildung, in der Psychotherapie und natürlich auch im Alltag.
Das Buch „Denken, Fühlen, Leben" hat sich in den fast 15 Jahren, die es mittlerweile auf dem Markt ist, als praxisnahe und verständliche Einführung in NLP bewährt und zu einem Klassiker entwickelt. Grund genug, es nun in einer erweiterten Auflage herauszubringen.
Gleich geblieben sind die Grundlagen: Wahrnehmung und Sprache, Denken und Gefühl. Für das zielgerichtete Handeln wollen wir Ihnen konkrete Unterstützung anbieten: mit einem neuen Kapitel über Ziele und Kreativität.
Wir wünschen Ihnen viel Spaß beim Lesen und vor allem beim praktischen Umsetzen der Ideen in diesem Buch.

Claus und Daniela Blickhan, 2000

Statt einer Einleitung: Gebrauchsanweisung

Gelesen ist noch nicht verstanden –
verstanden ist noch nicht behalten –
behalten ist noch nicht geglaubt –
geglaubt ist noch nicht angewendet ...

Auch wenn wir diesen Faden nicht weiterspinnen: Sie sehen schon, das Lesen dieses Buches ist nach unserer Auffassung nur der erste Schritt. Dabei beschäftigen Sie sich mit dem Inhalt. Und bei diesem Inhalt geht es darum, wie wir mit uns selbst und mit anderen Menschen umgehen.

Wenn wir unsere heutige Umwelt betrachten, so sind zwar unsere technischen Errungenschaften auf dem neuesten Stand, der Umgang mit uns selbst und anderen scheint jedoch in vielen Bereichen noch sehr entwicklungsbedürftig. Das muss nicht so bleiben. Viel ist gedacht und geschrieben worden – aber Sie wissen ja, „Gelesen ist noch nicht ..."

Deshalb laden wir Sie ein, mit- und weiterzudenken, Neues auszuprobieren und Ihre ganz persönlichen Erfahrungen damit zu machen.

- Wenn Sie manches vielleicht schon kennen, was wir schreiben – fassen Sie es als Bestätigung auf.
- Wenn Sie in einigen Punkten anderer Ansicht sind als wir – widersprechen Sie und schreiben Sie uns!
- Wenn Sie etwas langweilig finden – lassen Sie es weg.

- Wenn Sie vieles interessant finden – probieren Sie es aus!

Was immer Sie tun: Es ist besser, etwas zu tun als nur darüber nachzudenken oder zu reden. Der Wert dieses Buches liegt für Sie in dem, was Sie daraus machen.

Wenn Sie das Buch nur lesen, wird sich dadurch möglicherweise nicht viel verändern. Wenn Sie die einzelnen Übungen aber ausführen, in Ihren Alltag einbauen und die Worte so zum Leben erwecken, werden Sie überrascht sein, welche Veränderungen Sie an sich und Ihren Mitmenschen entdecken!

1. Kapitel

Die Welt, in der wir leben oder: Wie wir die Welt wahrnehmen und was wir daraus machen

Unsere fünf Sinne

Die Welt, in der wir leben, wird uns erst durch unsere Sinne zugänglich. Dabei haben wir mehrere Möglichkeiten, die Informationen um uns herum aufzunehmen. Mit unseren fünf Sinnen können wir die Umwelt sehen, hören, fühlen, schmecken oder riechen. Die ersten drei Kanäle sind dabei am wichtigsten: die Augen, Ohren und der Tastsinn der Haut. Durch sie nehmen wir im Durchschnitt 95 Prozent der Information auf, die uns bewusst ist. Der Geschmacks- und Geruchssinn spielen im Vergleich dazu seltener die Hauptrolle – obwohl es auch Bereiche gibt, in denen diese Sinneskanäle durchaus ihre Bedeutung bekommen. „Den kann ich nicht riechen" ist zum Beispiel ein Urteil, das die Beziehung zu der gemeinten Person schwerwiegend beeinflussen wird.

Warum beschreiben wir die fünf Sinne am Anfang dieses Buchs?

Die Welt, in der wir leben und mit der wir leben, ist unsere eigene, unverwechselbare Welt. Was wir denken und fühlen, wie wir reagieren und handeln, hängt sehr stark davon ab, wie wir unsere Situation wahrnehmen.

Wenn wir etwa im Nebenzimmer Schreie und Schüsse hören, werden wir das anders einschätzen, als wenn von nebenan nur gemütliches Gemurmel kommt. (Welche Rolle es dabei spielt, ob wir wissen, dass im Nebenzimmer ein Fernsehgerät steht und zurzeit ein Westernfilm läuft, werden wir im zweiten Kapitel genauer behandeln.)

Bevor wir uns also mit komplexeren Verhaltensweisen beschäftigen, geht es zunächst um unsere Wahrnehmung. Wahrnehmung ist hier ganz im wörtlichen Sinn zu verstehen: was wir für wahr nehmen. Dabei sieht jeder durch seine eigene „Brille", hört mit seinem eigenen „Hörrohr" und spürt sozusagen durch seine persönlichen „Handschuhe".

Was wir wahrnehmen, ist kein objektives Abbild der Welt draußen, sondern unsere subjektive Realität. Subjektiv bedeutet, dass jeder Mensch auf seine individuelle Art und Weise wahrnimmt. Und dabei kann es zu erheblichen Unterschieden kommen, selbst wenn das Reizangebot der Umwelt dasselbe ist.

Wir Menschen nehmen nur unsere spezifisch „menschliche" Welt wahr, das heißt einen ganz kleinen Ausschnitt der Welt, in der wir leben. Große Bereiche der Realität können wir also überhaupt nicht wahrnehmen. Ein gefährliches Beispiel dafür ist die Radioaktivität: Wir können sie nicht wahrnehmen; dennoch existieren die Strahlen und können uns sogar sehr gefährlich werden. Aus dem ganzen Farbspektrum sehen wir nur Licht von infrarot bis ultraviolett. Wir können nur Töne hören, deren Schwingungen zwischen 20 und 20000 Hertz pro Sekunde liegen – darüber und darunter ist es für uns still. Auch unser Geschmacks- und Geruchsvermögen ist begrenzt. Dies wird besonders deutlich, wenn wir uns mit „Feinschmeckern" wie den Aalen vergleichen. Wussten Sie, dass Aale in der Lage sind, einen einzigen Tropfen Duftstoff im Bodensee zu identifizieren? Ein anderes Beispiel: Denken Sie einmal an eine Hundepfeife, von der wir Menschen keinen Ton hören, auf deren Laut ein (folgsamer) Hund aber sofort reagiert und herbeigelaufen kommt. Oder denken Sie an Katzen, die auch dann noch sehen, wenn es für uns stockdunkle Nacht ist.

Wir Menschen nehmen also nur einen kleinen Teil der Welt wahr. Und selbst diese spezifisch „menschliche" Welt ist nicht für uns alle gleich. Denn jeder Mensch ist anders, und jeder nimmt seine Umwelt auf seine Weise wahr. Diese private Wahrnehmung beeinflusst aber, was wir erleben, fühlen und wie wir uns verhalten.

Außerdem kann sie zur Quelle von Missverständnissen werden, wie die folgende Geschichte zeigt:

Fünf Reisende treffen sich und tauschen ihre Erfahrungen über Neapel aus. Dabei stellt sich heraus, dass alle im Hotel „Miracolo" gewohnt haben.

Der *Erste* ist ganz begeistert von dem Hotel. Das Essen war phantastisch und das Weinsortiment ausgezeichnet. Auch an den Zimmern hatte er nichts auszusetzen.

Der *Zweite* widerspricht dem heftig. Er kann sich noch gut an das Hotel erinnern, es war fürchterlich laut. Auch im Zimmer fand er keine Ruhe; er kam einfach nicht zum Schlafen. Das Hotel ist seiner Meinung nach eine einzige Katastrophe.

Der *Dritte* ist da ganz anderer Meinung. Er hat ausgezeichnet geschlafen. Verglichen mit den üblichen italienischen Zimmerchen hatte er sehr viel Raum, und das Bett war äußerst bequem. Auch die übrige Einrichtung fand er angenehm und gemütlich, und er hat sich sehr wohl gefühlt.

Der *Vierte* war dagegen ziemlich unzufrieden. Statt gemütlich fand er das Hotel eher schmuddelig – wo man hinsah, Staub und Schmutz. Außerdem war es überall so dunkel, eng und unübersichtlich. Nein, ihm hat es dort überhaupt nicht gefallen.

Der *Fünfte* schließlich fragt nur: „Und den grässlichen Gestank habt ihr nicht bemerkt? Das Hotel steht genau gegenüber des Fischmarkts. Ich gehe da bestimmt nicht mehr hin!"

Die fünf Reisenden, die sich über das Hotel in Neapel nicht einig werden, machen starke Unterschiede in der Auswahl der Dinge, die sie bewusst wahrnehmen. Für den Ersten ist der Geschmack entscheidend (Essen und Trinken), für den Zweiten was er hört, also die Ruhe. Der Dritte will sich wohl fühlen; ihm sind seine Körpergefühle wichtig. Der Vierte stellt das Sehen in den Vordergrund, und dem Fünften hat der Fischmarkt „gestunken".

Übung: Wahrnehmung

Während Sie nun diesen Abschnitt weiterlesen, achten Sie einmal bewusst auf die Geräusche um Sie herum. Was hören Sie?
Hören Sie zusätzlich in Ihren Körper hinein, spüren Sie Ihren Atem, wie die Luft beim Ausatmen an Ihren Nasenflügeln vorbeistreicht ...
Bleiben Sie bei diesen Wahrnehmungen, und konzentrieren Sie sich zusätzlich auf die Temperatur im Raum und darauf, wie sich Ihre Kleider auf der Haut anfühlen. Wie ist die Temperatur in Ihrem linken Fuß? Und wie halten Sie Ihren Kopf? Ist Ihr Mund vielleicht etwas geöffnet? ...

... Hören Sie jetzt noch immer die Geräusche um Sie herum und fühlen Sie noch Ihren Atem? Wahrscheinlich ist beides längst aus Ihrem Bewusstsein verschwunden.

Wie lässt sich das erklären? Bevor wir Ihnen diese Übung vorgeschlagen haben, waren Sie sich wahrscheinlich nicht bewusst, in welchem Rhythmus Sie atmen oder wie die Temperatur in Ihrem linken Fuß ist. In dem Moment, in dem wir diese Dinge angesprochen haben, konnten Sie sie aber problemlos wahrnehmen. Nachdem Sie dann auf immer mehr Dinge achten sollten, haben Sie Ihre Aufmerksamkeit automatisch auf die letzten konzentriert und die ersten „vergessen".

Die einfache Übung veranschaulicht, was jeder von uns in jedem Moment seines Lebens tut: Er wählt aus, was er wahrnimmt – bewusst und unbewusst. Jeden Augenblick werden wir mit Tausend verschiedenen Informationen aus unserer Umwelt konfrontiert. Unser Organismus kann davon jedoch nur einen kleinen Teil auf einmal aufnehmen und verarbeiten: Das ist die so genannte „magische Sieben". Unsere bewusste Wahrnehmung kann in der Regel nur sieben plus/minus zwei Informationseinheiten auf einmal verarbeiten. Das Bewusstsein funktioniert dann wie ein Schieberegister: Sobald wir uns auf mehrere Elemente gleichzeitig konzentrieren wollen, vergessen wir die ersten Informationen wieder. Sie verschwinden also aus unserem Wachbewusstsein – so lange, bis wir unsere Aufmerksamkeit wieder darauf richten.

In der Regel reicht diese Menge an sieben plus/minus zwei Informationen aus, um zu überleben. Wir brauchen nicht in jedem Moment unseren Herzschlag oder die Temperatur unseres kleinen Fingers bewusst wahrzunehmen. Der Großteil unserer lebenswichtigen Körperfunktionen läuft völlig automatisch auch ohne unser Bewusstsein ab. Informationen, die Gefahr signalisieren, dringen dagegen meist sofort in unser Bewusstsein. Auch wenn wir uns gerade auf eine spannende Fernsehsendung konzentrieren (und damit die sieben plus/minus zwei Einheiten schon „besetzt" sind), werden wir sehr schnell aufmerksam, wenn es aus der Küche brenzlig riecht.

Die Tatsache, dass wir bei unserer Wahrnehmung der Umwelt eine (unbewusste) Auswahl vornehmen, erleichtert uns das Überleben. Andernfalls würden wir von der ungeheuren Menge der ständig auf uns einströmenden Informationen buchstäblich überwältigt werden. Diese lebensnotwendige Auswahl unserer Wahrnehmung beeinflusst aber gleichzeitig unser persönliches Erleben und Verhalten. Damit wollen wir uns im folgenden Abschnitt genauer beschäftigen.

Die Sinneskanäle in der Wahrnehmung

Bei der Auswahl dessen, was sie wahrnehmen, bevorzugen manche Menschen in der Regel bestimmte Kanäle. Vielleicht kennen Sie einen Bekannten, der immer gerne den Durchblick hat und der sehen will, was los ist. Ein anderer dagegen hört sich oder andere gerne reden. Er liebt die Harmonie eines ruhigen Gesprächs, um die Dinge besser zu verstehen. Ein

Dritter will begreifen, was um ihn herum vorgeht, damit er sich in seiner Haut wohl fühlen kann.
Der Erste benutzt also bevorzugt den visuellen Kanal, der Zweite achtet vor allem auf das, was er hört, und der Dritte auf das, was er spürt. Das Gleiche gilt übrigens auch für die fünf Reisenden aus unserem Hotelbeispiel. Jeder von ihnen konzentrierte sich bei der Wahrnehmung seiner Umwelt im Wesentlichen auf einen Bereich. Dies lässt sich an der jeweiligen Wortwahl ablesen: „An ihren Worten könnt ihr sie erkennen", doch darauf werden wir später noch genauer eingehen.
Zunächst wollen wir Ihnen eine Übung vorschlagen, um herauszufinden, mit welchem Kanal Sie die Erinnerung an Urlaub und Erholung speichern.

Übung: Welcher Kanal ist gerade aktiv?

Stellen Sie sich einmal vor, Sie haben Urlaub und stehen an einem wunderschönen Strand. Der Sand ist ganz fein und leuchtet schneeweiß unter Ihren Füßen. Sie schauen aufs Meer hinaus: Das Wasser ist kristallklar, der blaue Himmel spiegelt sich darin, und Sie können sogar einzelne bunte Fische erkennen. Etwas weiter draußen sehen Sie ein Riff, an dem sich schäumend die Brandung bricht. Ein paar Möwen kreisen am Himmel, und Sie hören ihre heiseren Schreie.

> Das Wasser plätschert leise um Ihre Füße. Sie spüren, wie angenehm kühl es ist, während gleichzeitig die Sonne warm in Ihr Gesicht scheint. Ein leichter Wind streicht durch Ihre Haare und kühlt Ihr Gesicht. Sie spielen ein wenig mit den Zehen im Sand. Sie fühlen sich rundum wohl und genießen diesen Augenblick.

Haben Sie beim Lesen dieses Abschnitts das Bild des Strandes deutlich vor sich gesehen, die Geräusche gehört und Sonne, Wind und Wasser gespürt? Vielleicht haben Sie all das oder auch nur Teile davon wahrgenommen. Einige Erfahrungen waren unmittelbar und detailliert, andere vielleicht ungenauer oder entfernt. Eben diese Unterschiede in der Erfahrung können Ihnen zeigen, welches Ihr Lieblingskanal ist.

Wenn Sie viele Teile des Bildes deutlich vor sich gesehen haben, weist dies darauf hin, dass Sie gelernt haben, im Zusammenhang mit Urlaub Ihren visuellen Kanal gezielt einzusetzen. Haben Sie die Geräusche genau gehört, so deutet das auf den auditiven (Hör-) Kanal.

Vielleicht wurden Ihnen die Unterschiede aber auch gar nicht so deutlich bewusst – deshalb geben wir Ihnen nun eine Erkennungshilfe. Vergegenwärtigen Sie sich noch einmal den tropischen Strand und alles, was Sie gesehen, gehört und gefühlt haben. Beantworten Sie dann folgende Fragen:

Was sehen Sie?
Ist das Bild farbig oder schwarz-weiß?
Scharf oder verschwommen?
Nah oder weit weg?
Bewegt wie ein Film oder starr wie ein Foto?
Hell oder dunkel?

Was hören Sie?
Hören Sie Geräusche oder/und Stimmen?
Sind diese laut oder leise?
Hoch oder tief?
Nah oder fern?
In Stereo oder Mono?
Woher kommen die Geräusche bzw. Stimmen?
Wechselt deren Richtung?

Was fühlen Sie?
Ist es heiß oder kalt?
Rau oder glatt?
Schwer oder leicht?
Nass oder trocken?
Spüren Sie die Bewegung?
Spüren Sie den Rhythmus?

Einige dieser Fragen konnten Sie vielleicht spontan leichter beantworten als andere. Diese unmittelbaren Antworten deuten darauf hin, welcher Ihrer Sinneskanäle die Eindrücke Ihres Urlaubs am intensivsten wahrnimmt und auch speichert. Vielleicht waren auch mehrere Kanäle gleichermaßen beteiligt.

Wenn es Ihnen schwer fiel, auf manche Fragen eine Antwort zu finden, sind diese Schwierigkeiten ein

Hinweis auf eher selten genutzte Kanäle. Vermutlich achten Sie auf solche Informationen in Ihrem Urlaub weniger.

Natürlich können wir die Auswahl von Reizen auch bewusst mitsteuern, zum Beispiel wenn wir etwas suchen oder uns auf eine bestimmte Sache konzentrieren. Doch unser Unbewusstes arbeitet hier viel schneller und leistungsfähiger als das bewusste Denken. Es sortiert die ankommenden Reize sofort nach bestimmten Kriterien, zum Beispiel: Ist dieser Reiz neu und macht uns deshalb neugierig? Ist ein Reiz gefährlich? Reize, die für unser Überleben wichtig sind, nehmen wir am schnellsten wahr.

Wir sehen also: Wahrnehmen ist eine Aktion, ein Verhalten. Es geschieht nicht passiv, sondern wir setzen es im Gegenteil sehr aktiv ein.

Fassen wir zusammen:

Jeder von uns trifft ständig eine Auswahl, welche Informationen aus seiner Umwelt er in sein Bewusstsein eindringen lässt. Dies ist nur ein kleiner Teil dessen, was in uns und um uns herum vorgeht.

Welcher Anteil unseres Erlebens dringt aber in unser Bewusstsein? Die Auswahl geschieht im Wesentlichen unbewusst und wird vor allem bestimmt durch

1. unsere momentanen Bedürfnisse,
2. Strategien und Gewohnheiten, die wir in einem bestimmten Kontext entwickelt haben,
3. frühe und intensive Lernerfahrungen aus der Kindheit.

1. Es ist wissenschaftlich nachgewiesen, dass unsere gegenwärtigen Bedürfnisse die Wahrnehmung entscheidend beeinflussen. Beim Einkaufsbummel in der Stadt achten Sie auf andere Geschäfte und Boutiquen, als wenn Sie hungrig durch die gleiche Straße laufen: Die Restaurants und Lebensmittelgeschäfte werden Ihnen dann förmlich ins Auge springen.
2. Wenn wir als Erwachsene zum Beispiel die Uhrzeit ablesen, beachten wir kaum, welche Ziffern durch Striche oder Punkte dargestellt sind. Wir sehen einfach, wie spät es ist. Wenn wir Auto fahren, achten wir verstärkt auf Bewegungen auf und am Rande der Straße, ohne dass uns das bewusst wird. Wenn wir dagegen im Kino sitzen, sehen wir vor allem den Film und beachten kaum die Umgebung.
3. Als Kind haben Sie nach und nach gelernt, bestimmte Botschaften gegeneinander abzuwägen. Wenn Ihre Mutter zu Ihnen sagte: „Es ist alles in Ordnung", dabei aber die Lippen zusammenpresste und Tränen in den Augen hatte – welcher der beiden Botschaften haben Sie mehr Vertrauen geschenkt: der, die Sie hörten, oder der, die Sie in ihrem Gesicht sahen? Wenn Ihr Vater mit Ihnen schimpfte und Ihnen vielleicht einen leichten Klaps gab, dabei aber ermutigend lächelte und Ihnen zuzwinkerte – welcher Botschaft haben Sie dann geglaubt?

Kinder mit solchen oder ähnlichen Erfahrungen werden in ihrem späteren Leben wahrscheinlich in kritischen Situationen eher auf das bauen, was sie sehen, als zu glauben, was sie hören. Wenn eine

Frau, die so aufwuchs, eine Liebeserklärung bekommt, wird sie oft verlangen: „Zeig mir, dass du mich liebst!" Ein Geschenk, das sie von ihrem Mann bekommt, oder ein Strauß roter Rosen sagen ihr wahrscheinlich mehr als die Worte „Ich liebe dich". Diese Frau wird oft nach sichtbaren Anzeichen seiner Liebe suchen – wenn ihr Partner das nicht bemerkt und ihr immer nur mit Worten versichert, wie sehr er sie liebt, kann es durchaus zu Missverständnissen kommen. Der Partner dieser Frau könnte solche Schwierigkeiten vermeiden, wenn er ihr (hin und wieder wenigstens) *zeigt*, wie sehr er sie mag, indem er ihr zum Beispiel tief in die Augen schaut oder ihr Komplimente über ihr Äußeres macht ...

Unser Bild der Welt: Wahrnehmung und Repräsentationssysteme

Unsere Wahrnehmung funktioniert also selektiv, das heißt wir treffen eine (in der Regel unbewusste) Auswahl. Die Reize von außen werden gefiltert, sodass wir nur einen Bruchteil des Reizangebotes unserer Umwelt aufnehmen. Diese Reize werden dann innerlich verarbeitet, das heißt bewertet, mit unseren bisherigen Erfahrungen verglichen und in unser persönliches Archiv einsortiert.

Dieses Abspeichern ermöglicht es uns, etwas Wahrgenommenes beliebig oft wieder hervorzuholen und es uns vorzustellen, es zu repräsentieren. In der Regel wissen wir recht genau, ob wir etwas wahrnehmen, uns daran erinnern oder uns etwas nur vorstellen. In wenigen Ausnahmen kann es durchaus zu Verwirrungen kommen – „Träume ich oder sehe ich das wirklich?" –, aber echte Halluzinationen sind glücklicherweise selten.

Die wichtigste Erkenntnis des NLP für die innere Verarbeitung ist, dass unsere Erinnerung verschiedene Repräsentationssysteme verwendet, analog zu den Sinneskanälen, die unsere Wahrnehmung mit Informationen speisen. Wir können in Bildern, Worten und Tönen oder in Gefühlen denken und uns auch erinnern. Die Art und Weise, wie wir Inhalte repräsentieren, kann sehr entscheidend für die Verarbeitung sein. Bei Bildern etwa können wir sehr schnell Muster erfassen und unabhängig von den Details eine Übersicht haben: „Ein Bild sagt mehr als tausend Worte." Mit Worten können wir Einsichten formulieren und relativ eindeutig definieren. Sprache funktioniert sequentiell: Wenn wir ein Gedicht auswendig kennen, fällt uns zu jedem Reim der nächste ein.

Wie wir repräsentieren, beeinflusst auch, was wir glauben und denken und wie wir unsere Erfahrungen in unser persönliches Bild der Welt einordnen. Ein einfaches Beispiel dafür: Sie suchen schon eine ganze Weile Ihren Autoschlüssel und können ihn einfach nicht finden, obwohl Sie überall intensiv danach schauen. Plötzlich finden Sie den Schlüsselbund genau dort, wo Sie in der letzten halben Stunde bereits mehrfach gesucht haben. Die Erklärung für dieses seltsame Phänomen ist einfach: Unsere Wahrnehmung wird beeinflusst von dem, was wir wissen, glauben und fühlen. „Da kann der Schlüssel nicht sein, dort habe ich ihn garantiert nicht hingelegt" – durch diese

Voreinstellung schränken wir unsere Wahrnehmung in diesem Bereich ein und sehen den Schlüssel nicht, obwohl er tatsächlich dort liegt.

Wir Menschen nehmen also nur einen bestimmten Bereich der Welt um uns herum wahr. Und selbst dieser Wahrnehmungsbereich ist nicht für alle Menschen gleich, denn wir richten unsere Aufmerksamkeit auf unterschiedliche Bereiche der Realität.

Wenn jetzt Menschen in einer Situation bevorzugt auf das achten, was sie hören (auditiver Kanal), andere auf das, was es zu sehen gibt (visueller Kanal) und wieder andere auf ihre Gefühle (kinästhetischer Kanal), so bedeutet das *nicht*, dass es sich hier um einen auditiven, visuellen oder kinästhetischen Typ handelt. Es bedeutet zunächst einmal, dass ein Mensch im Moment eine bestimmte Modalität in der Art der Wahrnehmung oder der Repräsentation benutzt und dass es sehr hilfreich ist, das zu erkennen und sich darauf einzustellen.

Früher ging man davon aus, dass die meisten Menschen einen „Lieblingskanal" hätten, den sie vorwiegend benutzten und der so etwas wie eine persönliche Vorliebe darstellte. Manche Autoren sprechen auch heute noch von „Typen". In Einzelfällen mag es zutreffen, dass ein bestimmter Sinneskanal bevorzugt wird. Inzwischen wissen wir aber, dass der Einsatz von Sinnessystemen und Repräsentationssystemen meistens situationsspezifisch erfolgt.

Ein Konzert genießen die meisten Menschen auditiv, sie hören zu, und manche schließen dabei sogar die Augen. Wenn wir uns aber an der Schönheit eines Sonnenuntergangs erfreuen, dann schauen wir hin.

Vielleicht setzen wir uns auch hin, um ganz in den Anblick eintauchen zu können. In einer anderen Situation, zum Beispiel während einer spannenden Diskussion, kann es sehr wohl sein, dass alle auf die Beiträge hören und keiner auf den Sonnenuntergang achtet.

Der Wahrnehmungskanal und die Repräsentationssysteme sind also eine zusätzliche Orientierungshilfe für uns, wenn wir uns bewusst auf unseren Kommunikationspartner (im Folgenden nur Partner) einstellen möchten – und keine Schublade, in die der Partner gepresst werden soll.

Wie erkennt man nun den Kanal, mit dem der andere die Umwelt gerade wahrnimmt, oder in welchem Repräsentationssystem er gerade denkt? Hören Sie aufmerksam zu, denn häufig teilt er (oder sie) Ihnen das in seiner Sprache mit – manchmal spielt es eine Rolle, *was* er sagt, immer aber ist auch die Art und Weise, *wie* er es sagt, wichtig.

Drei Kanäle finden wir in der Sprache am häufigsten:

- den visuellen Kanal (Sehen),
- den auditiven Kanal (Hören) und
- den kinästhetischen Kanal (Spüren).

Schmecken und Riechen spielen in der Sprache eher eine untergeordnete Rolle.

Es gibt also „Seh-Wörter" (zum Beispiel: klar sehen, deutlich zeigen, sichtbar, offensichtlich, einleuchten), „Hör-Wörter" (zum Beispiel: Stimmung, Gleichklang, leise, ruhig, sagen) und schließlich „Fühl-Wörter" (zum Beispiel: aufgreifen, spüren, entgegenstehen, hineingehen, passen). „Fühl-Wörter" beziehen sich nicht auf Gefühlsäußerungen wie glücklich, traurig oder müde, sondern auf körperliche Empfindungen und den Tastsinn der Haut.

Auch der Inhalt des Erzählten kann natürlich Hinweise auf das benutzte Repräsentationssystem geben. Manchmal ist es sehr offensichtlich: Wenn jemand visuell verarbeitet, spricht er zum Beispiel über die Schönheit eines Sonnenuntergangs, das einzigartige Farbspiel der Natur und die klare Sicht in den Bergen. Wer auditiv verarbeitet, der beschreibt vielleicht lieber die einzigartige Ruhe der Natur, das Vogelgezwitscher oder die schöne Stimmung. Und wer kinästhetisch verarbeitet, der spricht möglicherweise gar nicht so viel, sondern fühlt sich einfach wohl ...

Wer aufmerksam hinhört, kann also viele Missverständnisse vermeiden und sich auf das Repräsentationssystem des anderen einstellen. Besonders hilfreich ist das in Momenten, in denen die Verständigung nicht so klappt. Hören Sie hier einmal genau hin – sprechen Sie vielleicht gerade „verschiedene Sprachen"?

Woran Sie erkennen, wie Ihr Gesprächspartner denkt

Als Zuhörer können Sie relativ leicht feststellen, welchen Sinneskanal Ihr Gesprächspartner benutzt: Sehen, Hören oder Spüren[*]. Er wird Ihnen das in

---

[*] Die beiden anderen Kanäle Schmecken und Riechen sind in der Regel weniger bewusst und sprachlich weit seltener vertreten. Es genügt also für den Anfang, in der Kommunikation auf die drei oben genannten zu achten.

seiner Sprache mitteilen: Hören Sie also ganz genau darauf, was er sagt und auf die Art und Weise, wie er es ausdrückt.

Unsere Eindrücke werden immer analog zu unserem Wahrnehmungssystem weiterverarbeitet – gespeichert, erinnert, weitergedacht oder benannt.

Lassen wir dazu Herrn Hinz seine letzten Urlaubserlebnisse schildern: „Ich habe jetzt *eingesehen*, dass ein Urlaub im Süden am *schönsten* ist. Die besten *Wetteraussichten*, eine *wunderschöne* Landschaft, das *farbige* Treiben in den Städten, Strand bis zum *Horizont* – was will man mehr? Und wenn man erst mal bei den Südländern *durchblickt*, kommt man auch prima mit ihnen *klar*."

Frau Kunz widerspricht: „Also, da können Sie *sagen*, was Sie wollen, das lasse ich mir nicht *einreden*. Ich *verstehe* Sie nicht. Dort ist es doch nur *laut*, alle *reden* durcheinander. Dazu die *schreienden* Farben, die sind einfach *unerhört*. Die *ruhigen* Landschaften des Nordens *sprechen* mich da viel mehr an."

Herr Meier stellt dem entgegen: „Ich möchte das auch einmal *aufgreifen*. Ich habe das *Gefühl*, dass Sie völlig aneinander *vorbeilaufen* mit Ihren Meinungen. Es geht doch nur um die *Balance* zwischen dem, was Sie *erleben* wollen, und dem, was Sie tatsächlich bekommen. Ich kann mich gut in Sie beide *hineinversetzen* und *spüre* schon, dass man an beiden Standpunkten *anknüpfen* könnte, statt gleich so aufeinander *loszugehen*."

Obwohl sich die drei über das gleiche Thema unterhalten, reden sie doch über völlig verschiedene Aspekte. Herr Hinz erinnert sich vor allem daran, was er sieht – dass die Menschen im Süden laut sind, stört ihn überhaupt nicht. Er legt sein Augenmerk auf die visuelle Information. Frau Kunz nimmt ihre Umwelt bevorzugt über die Ohren wahr. Für sie zählt, was sie gehört hat. Sie möchte einen ruhigen, harmonischen Urlaub. Herr Meier hat seine Umwelt sozusagen hautnah erlebt und versucht, sich in die anderen einzufühlen.

Für Sie bedeutet das konkret, dass Ihr Gesprächspartner Ihnen eindeutig mitteilt, in welchem Kanal er gerade „arbeitet". Der *Inhalt* seiner Mitteilungen ist in diesem Fall zweitrangig. Die *Wahl der Worte* zeigt Ihnen, in welchem Sinneskanal Ihr Gesprächspartner gerade denkt.

Das kann sich im Extremfall sogar darin ausdrücken, dass er mit der scheinbar falschen Kategorie seine Wahrnehmungen beschreibt. Er betrachtet etwa ein Bild im Museum und sagt: „Also, was ich da sehe, das sagt mir sehr viel. Die *ruhigen* Farben, die vielen *Zwischentöne*, das alles ist *harmonisch* aufeinander *abgestimmt* und ergibt einen wunderbaren *Zusammenklang*."

Er benutzt also zum Beschreiben seiner optischen Wahrnehmung Wörter aus dem akustischen Bereich, möglicherweise weil er so seine Erinnerung anreichern und lebendig machen kann.

Je nachdem, in welchem Kanal Ihr Partner sich gerade ausdrückt, könnte er also zum Beispiel sagen: „Das *sehe* ich auch so", „Das ist mir *klar*", „Das *hört* sich gut an", „Jetzt *verstehe* ich", „Ich *begreife*, was du meinst" oder „Das ist nicht zu *fassen*".

> **Übung: Hören Sie auf die Sprache Ihres Partners – Spricht er eine Seh-, Hör- oder Fühlsprache?**
>
> Und nun geht's in die Praxis: Suchen Sie sich in der nächsten Woche mindestens zehn verschiedene Personen aus. Hören Sie ihnen genau zu und finden Sie heraus, in welcher Situation sie welche Sprache verwenden: Seh-, Hör- oder Fühlsprache?
> Hier einige Signalwörter:
> Sehen, zeigen, veranschaulichen, zielen, Blickwinkel, Aspekt, Perspektive, deutlich, farbig, schwarz, düster, klar ...
> Hören, sagen, klingen, schwingen, verstärken, abstimmen, Stimmung, Ton, Harmonie, Gleichklang, laut, leise ...
> Fühlen, begreifen, berühren, Gefühl, Spannung, Standpunkt, weich, hart, fest, warm, schwer ...
> Legen Sie sich am besten ein kleines Heft an und lassen Sie sich überraschen, wie Ihr Vokabular in allen diesen Sprachen plötzlich wächst! Dann können Sie Ihr Wissen über die Informationskanäle nutzen, um sich anderen leichter verständlich zu machen.

Missverständnisse und wie man sie vermeidet ...

Wie schnell man durch den Gebrauch verschiedener „Sprachen" aneinander vorbeiredet, zeigt folgender Ausschnitt aus einem Ehekrach:

> *Sie*: „Du siehst mich überhaupt nicht! Ich ziehe mich extra besonders schön an, wenn wir ausgehen, schminke mich ganz toll und ver-

bringe viel Zeit vor dem Spiegel, um dir zu gefallen. Wenn ich dann aus dem Bad komme, bemerkst du das überhaupt nicht. Du stehst immer noch in deinen alten Jeans da und hast nicht einmal deine Haare gewaschen, und außerdem – in der Öffentlichkeit umarmst du mich ständig und siehst dabei nicht mal, wie uns alle Leute anstarren!"

Er: „Ich bin dir eben gern ganz nahe. Ich will, dass du spürst, wie gerne ich dich mag. Wenn du mich dann wegstößt, verletzt mich das sehr. Du zeigst mir nur die kalte Schulter! Und das mit den Jeans – darin fühle ich mich wohl. Das ist bequem und nicht so einengend wie dieser steife dunkle Anzug. Darin fühle ich mich immer wie auf einer Beerdigung."

Beide wollen eigentlich das Gleiche: Ihre Zuneigung für den anderen ausdrücken. Für ihn stehen Gefühle und Empfindungen im Vordergrund, während sie sich sichtbare Zeichen seiner Liebe wünscht.

Und indem beide so aneinander vorbeireden, kommt es am Ende zum Streit – obwohl beide ursprünglich die gleiche Absicht hatten. Beide wollten ja ihre Zuneigung zum Ausdruck bringen – erinnern Sie sich?

Wenn die beiden Bescheid wüssten über ihre unterschiedlichen Blickwinkel bzw. Empfindungen, könnten sie dieses Wissen nutzen und ihre Aussagen in die Sprache des anderen übersetzen, um einander näher zu kommen. Zum Beispiel so:

Sie: „Ich mach' mich schön für dich, weil ich möchte, dass du *spürst*, wie gerne ich dich mag. Jedes Mal, wenn du mich dann anschaust oder mir ein Kompliment machst, bekomme ich so ein *warmes Kribbeln* im Bauch, und das ist wirklich ein tolles *Gefühl*."

Betrachten wir das genauer, so sehen Sie, dass „Sie" in seiner Sprache spricht, nämlich in der Fühlsprache. Wenn Sie in der Sprache des anderen sprechen, signalisieren Sie ihm damit Ihre Bereitschaft, auf ihn einzugehen. Dabei ist nicht entscheidend, ob er es bewusst bemerkt. Seine unbewusste Wahrnehmung wird oft viel mehr bewirken: Vielleicht fühlt er sich plötzlich besser von Ihnen verstanden, spürt mehr Anteilnahme, und sein Interesse an dem Gespräch steigt.

Um Ihnen die Übersetzung für den Anfang zu erleichtern, nun einige konkrete Beispiele:

Visuelle Sprache	Auditive Sprache	Kinästhetische Sprache
Ich sehe das so …	Ich verstehe das so …	Ich nehme an …
Das ist mir klar.	Das verstehe ich.	Das begreife ich.
Völlig klar!	Stimmt!	Habe ich begriffen!
Es gibt verschiedene Blickwinkel.	… Stimmen.	… Standpunkte.
Mir scheint …	Das klingt …	Ich habe das Gefühl …
Da sehe ich schwarz.	Das hört sich nicht gut an.	Da braut sich was zusammen.
Sehe ich recht?	Unerhört!	Nicht zu fassen!

Übung: Ergänzen Sie!

Und nun eine praktische Übung: Ergänzen Sie jeweils das fehlende Beispiel, bevor Sie umblättern.

Visuelle Sprache	Auditive Sprache	Kinästhetische Sprache
Ich zeige damit ...		Ich belege damit ...
	Lass mal hören!	Schieß mal los!
aufzeigen	erläutern	
Horizont	Verständnis	
Leuchtet ein.		Passt!
	Unkenrufer	Quertreiber

Die Welt, in der wir leben

Auflösung

Visuelle Sprache	Auditive Sprache	Kinästhetische Sprache
Ich zeige damit ...	Ich nenne jetzt ...	Ich belege damit ...
Lass mal sehen!	Lass mal hören!	Schieß mal los!
aufzeigen	erläutern	Begreiflich machen
Horizont	Verständnis	Fassungsvermögen
Leuchtet ein.	Stimmt!	Passt!
Schwarzmaler	Unkenrufer	Quertreiber

Wörterbuch

visuell	auditiv	kinästhetisch
sichtlich	lauschen	aufgreifen
unsichtbar	klingen	erleben
übersehen	summen	anknüpfen
gucken	flüstern	annehmen
schielen	pfeifen	umgehen
weitsichtig	schmatzen	hineinbringen
ins Auge fassen	quietschen	einsteigen
schauen	rattern	aufnehmen
deutlich	schwatzen	beibehalten
Absicht	brummen	hängen

visuell	auditiv	kinästhetisch
Aussicht	brüllen	dabei sein
Rücksicht	gurren	absinken
Vorsicht	knacken	ausführen
farbig	laut	entnehmen
rot, grün etc.	leise	hineinfinden
hell	schrill	entgegenstehen
dunkel	stumpf	berührt werden
rund	blechern	einbinden
eckig	Töne	aufpeitschen
versehen	Musik	erschlagen
schwarzsehen	Knall	ausformen
Horizont	bellen	sich bilden
bestrahlen	trommeln	auf die Schliche kommen
strahlen	tauschen	schleichen
Bild	Gebelle	schlurfen
ausmalen	knistern	sich regen
Gemälde	rasseln	lieben, umarmen
vor Augen haben	summen	ausschließlich
einsehen	stöhnen	abwimmeln
anschaulich	seufzen	schlafen
trüb	tratschen	drücken
neblig	ratschen	drängeln
aufzeigen	wiehern	drehen

visuell	auditiv	kinästhetisch
sehen	raunen	erfüllt
sich zeigen	schnurren	erschlagen
Perspektive	wispern	passen
ansehnlich	sagen	voll
nachsehen	fragen	füllig
scheinbar	Antwort	rund
die Augen offen halten	Ankündigung	leer
Vorschau	Donnerwetter	luftig
Blitz		zerstreut
Licht in etwas bringen		lieb
undurchsichtig		heftig
transparent		glatt
klar		rau
		faltig
		sanft
		müde
		frisch
		weich
		hart

2. Kapitel

Die Sprache des Körpers oder: Wie ich mich bewege, so bin ich

Wie unsere Körperhaltung uns beeinflusst

Bis hierher haben wir uns vor allem mit der Wahrnehmung und der Sprache beschäftigt: Was wir sehen, hören, fühlen, riechen, schmecken. Die Information, die wir so aufnehmen, wird sehr vielschichtig und umfassend verarbeitet. Die Vorgänge dabei sind uns in unterschiedlichem Maße bewusst.
Das hängt hauptsächlich mit der Kapazität unseres Bewusstseins zusammen. Von den Millionen von Informationseinheiten, aus denen wir wählen können, nehmen wir höchstens fünf bis zehn gleichzeitig auf. (Erinnern Sie sich noch an die „magische Sieben" aus dem ersten Kapitel?)
Wir richten unsere Aufmerksamkeit bevorzugt auf Dinge, die einer bewussten, zielgerichteten Entscheidung bedürfen. Das heißt aber nicht, dass die anderen Vorgänge weniger wichtig sind. Gerade so lebensnotwendige Prozesse wie Atmung oder Stoffwechsel laufen fast völlig unbewusst ab. Trotzdem haben auch sie entscheidende Bedeutung für unser Leben. Folgende Übung verdeutlicht das:

Übung: Körperhaltung

Legen Sie einen Moment das Buch aus der Hand und setzen Sie sich ganz aufrecht auf Ihren Stuhl oder Sessel. Lassen Sie nun den Kopf sinken, beugen Sie Ihren Oberkörper vor, sodass der Rücken rund wird und die Schultern nach vorne hängen. Richten Sie den Blick nun nach unten auf den Fußboden.

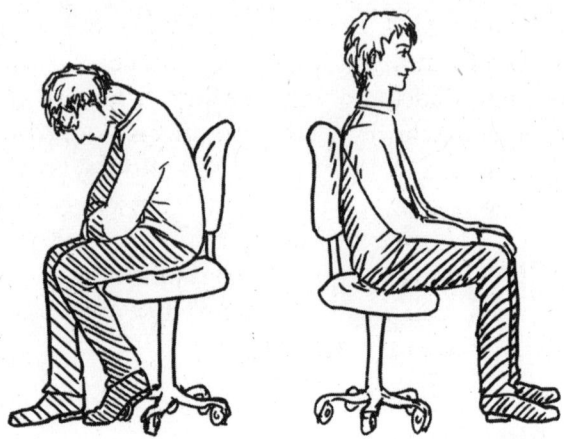

Bleiben Sie etwa eine Minute in dieser Stellung und beobachten Sie Ihre Gedanken und Gefühle. Hören Sie in sich hinein und spüren Sie, was sich verändert. Kreuzen Sie nun auf der folgenden Liste an, was für Sie zutrifft:

	Ja	Nein
Ich bin entspannt.		
Ich sitze verkrampft.		
Ich atme tief und frei.		
Ich halte eher die Luft an.		
Ich fuhle mich niedergeschlagen.		
Ich bin wach und aufmerksam.		
Ich habe Angst.		
Ich bin eher zuversichtlich.		

Danach heben Sie Ihren Kopf und richten den Oberkörper wieder auf, sodass die Wirbelsäule eine senkrechte Linie bildet. Lockern Sie Ihre Schultern und sitzen Sie aufrecht, den Blick geradeaus nach vorne gerichtet. Stellen Sie sich dabei vor, Ihr Kopf würde im Scheitelpunkt nach oben gezogen. Entspannen Sie Ihre Beine und stellen Sie beide Füße nebeneinander auf den Boden. Achten Sie wieder aufmerksam darauf, was sich nun verändert und bleiben Sie mindestens eine Minute in dieser Haltung.

Welche Veränderungen haben Sie bemerkt? Einige davon sind Ihnen wahrscheinlich sofort aufgefallen, andere waren Ihnen weniger bewusst.

Kreuzen Sie nun wieder an, was für Sie zutrifft.

	Ja	Nein
Ich bin entspannt.		
Ich sitze verkrampft.		
Ich atme tief und frei.		
Ich halte eher die Luft an.		
Ich fühle mich niedergeschlagen.		
Ich bin wach und aufmerksam.		
Ich habe Angst.		
Ich bin eher zuversichtlich.		

Beide Körperhaltungen führen also zu ganz verschiedenen Gedanken, Gefühlen und Empfindungen. Oder anders ausgedrückt: Unsere äußere Haltung beeinflusst unsere innere Haltung und umgekehrt.

Wir wollen das in einem einfachen Modell veranschaulichen:

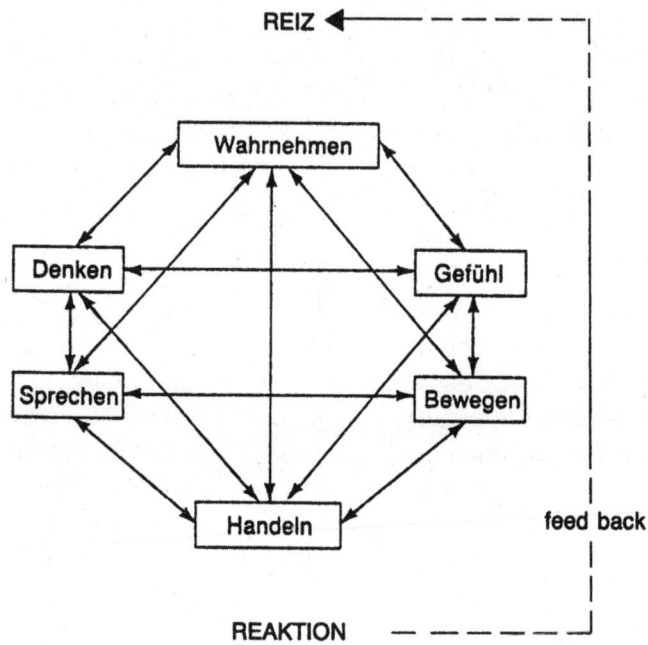

Grundlegend ist, dass alle psychischen und physischen Prozesse ganzheitlich ablaufen und sich gegenseitig beeinflussen. Haben Sie nicht auch schon einmal Ihre Autoschlüssel gesucht und sie dort, wo sie lagen, mehrfach übersehen?

Dieses Beispiel haben wir bereit im letzten Kapitel erwähnt und es zeigt, dass selbst die Wahrnehmung beeinflusst wird von dem, was wir wissen, glauben und fühlen. Den Zusammenhang von Gefühl und Haltung (=„Bewegen", siehe Verarbeitungsmodell oben) haben Sie gerade selbst ausprobiert.

Wir nehmen unsere Umwelt wahr – sehen, hören, spüren, riechen und schmecken. Wir suchen uns bewusst und unbewusst das heraus, was wir für wahr nehmen und für wahr halten wollen (siehe erstes Kapitel). Diese Auswahl wird hauptsächlich durch Gefühle gesteuert: Was Spaß, Angst oder neugierig macht, wird bevorzugt. Es ist ja auch am wichtigsten zum Überleben.

Zusätzlich wird unsere Wahrnehmung natürlich beeinflusst von unseren Erfahrungen, also dem, was wir denken, wissen, meinen: Was wir nicht kennen, können wir auch nicht wieder erkennen. Daran liegt es zum Beispiel, dass für uns alle Asiaten ähnlich aussehen; vielen Asiaten geht es mit uns Europäern genauso.

Wahrnehmen bedeutet also Filtern. Die gefilterte Wahrnehmung wird dann weiterverarbeitet; die verschiedenen Verarbeitungsebenen beeinflussen sich dabei gegenseitig. Gedanken werden von Gefühlen begleitet und Gefühle regen zum Denken an – oder sie hemmen das Denken. Dieses Phänomen hat wohl jeder von uns in Stresssituationen schon am eigenen Leib erlebt.

Reaktionen im engeren Sinne sind Verhaltensweisen wie Sprechen, Bewegungen, gezieltes und bewusstes Handeln. Auch sie stehen eng mit den anderen Funktionen in Zusammenhang. Im ersten Kapitel haben Sie zum Beispiel gesehen, wie unsere Sprache von der Art der Wahrnehmung („Seh-", „Hör-" und „Fühlsprache") beeinflusst wird. Ebenso beeinflussen unsere Gefühle die Art, wie wir sprechen. Die Alltagssprache kennt viele Beispiele dafür. Wer seinen Ärger *in sich hineinfrisst, hinunterschluckt,* der wird *sauer* und die Belastung *schlägt ihm auf den Magen* – er bekommt Magenschmerzen und am Ende vielleicht sogar ein Magengeschwür. Einem anderen *läuft die Galle über,* und ein Dritter ist so *hartnäckig,* dass er einen verspannten Nacken bekommt.

Vielleicht finden Sie ja selbst noch andere Beispiele für diesen symbolischen Gebrauch unserer Umgangssprache?

Kehren wir noch einmal zu unserer Ausgangsübung zurück. Wenn Sie, wie am Anfang, vornüber gebeugt sitzen und den Kopf hängen lassen, wird der Oberkörper zusammengepresst. Sie haben weniger Raum zum Atmen und fühlen sich im wahrsten Sinne des Wortes *bedrückt.* Wenn Sie weniger und flacher atmen, bekommt Ihr Organismus weniger Sauerstoff. Bei Sauerstoffmangel verlangsamen sich aber die Körper- und Gehirnfunktionen und dadurch fühlen Sie sich niedergeschlagen. Das verstärkt sich noch, indem Sie Ihr Blickfeld einschränken: Sie schauen auf den Fußboden und isolieren sich von Ihrer Umwelt.

Ganz anders dagegen in der zweiten Körperposition: Sie sitzen aufrecht, können dadurch frei atmen, und Ihr Körper bekommt genug Sauerstoff. Mit beiden Füßen stehen Sie fest auf dem Boden und sind aufnahmebereit für Ihre Umwelt.

Also: Die äußere Haltung beeinflusst die innere – und umgekehrt.

Was Körpersprache über Kontakt aussagt

Sie haben in dem vorherigen Abschnitt sozusagen am eigenen Leib erfahren, wie Gefühle und Gedanken mit Ihrer Körperhaltung zusammenhängen. Diese Erfahrung können Sie für sich selbst nutzen, etwa wenn Sie sich in einer niederdrückenden Stimmung gefangen fühlen. Stehen Sie auf, strecken Sie sich, atmen Sie tief durch und bewegen Sie sich in einem solchen Rhythmus, dass Ihr Körper sich auch innerlich aufrichtet – schon nach kurzer Zeit wird Ihre Stimmung sich ändern. (Diese Erfahrung wird übrigens auch in der Heilbehandlung von tiefer gehenden Störungen wie Depressionen verwendet: Den Patienten wird neben Psychotherapie auch Waldlauf verordnet.)

Sie können Ihr neu erworbenes Wissen aber auch einsetzen, um Ihre Fähigkeiten im Umgang mit anderen Menschen zu erweitern. Wir beginnen wieder mit einem alltäglichen Beispiel, das Sie häufig beobachten können.

Eine Szene an der Theke Ihres Stammlokals:

Eine junge Frau sitzt an der Theke und wartet auf ihre Freundin, mit der sie sich hier verabredet hat. Sie sitzt leicht nach vorne gebeugt, hat die Ellbogen auf die Theke gestützt und wechselt hin und wieder ein paar kurze Worte mit der Wirtin. Da stellt sich ein gut aussehender junger Mann daneben und spricht sie an. Er hat den Kopf hoch erhoben, die Hände in den Taschen und redet siegesgewiss auf sie ein. Sie aber antwortet nur ganz kurz und wendet sich ab. Ein zweiter Versuch des Eroberers endet ebenso erfolglos.

Der Mann verlässt daraufhin die Theke – vielleicht versucht er sein Glück später anderswo. Bald darauf kommt ein anderer, eher unauffälliger junger Mann an die Theke. Er spricht die Wirtin an und bestellt ein Getränk. Er lehnt sich nach vorne zur Theke, stützt die Ellbogen auf und wartet auf sein Bier. Als die junge Dame neben ihm in ihrer Handtasche kramt, richtet er sich kurz auf. Sie holt ihre Zigaretten heraus. Er zieht ein Feuerzeug aus der Tasche und gibt ihr Feuer. Dabei macht er eine kurze Bemerkung. Sie antwortet freundlich, und er lächelt zurück. Bis sein Bier kommt, ist ein angeregtes Gespräch im Gange.

Diese kurze Szene verdeutlicht, was viele von uns aus der Alltagserfahrung kennen: Wenn zwei Menschen in ein Gespräch vertieft sind und sich in gegenseitiger Übereinstimmung befinden, gleicht sich automatisch ihre Körperhaltung an die des anderen an. Beide bewegen sich mit der gleichen Geschwindigkeit und im gleichen Rhythmus. Beide zeigen einen ähnlichen Gesichtsausdruck und ähnliche Gesten – sie haben einen „guten Draht" zueinander.

Im Falle des Eroberers aus unserem Beispiel war keine Übereinstimmung in der Körpersprache zu sehen: Weder bei der Haltung noch in Bezug auf Tonfall, Gesichtsausdruck oder Geschwindigkeit und Rhythmus der Gesten. Anders dagegen bei dem zweiten jungen Mann: Seine Haltung, seine Gestik und seine Sprechweise waren der seiner Thekennachbarin ähnlich.

Kneipen oder Restaurants sind ein idealer Platz für solche Beobachtungen. Wenn Sie wieder einmal in einem Restaurant sind, beobachten Sie die Paare um

Was Körpersprache über Kontakt aussagt

Sie herum und schätzen Sie ein, welche einen sehr guten Kontakt zueinander haben und welche eher Streit, Meinungsverschiedenheiten oder schlicht Desinteresse signalisieren. Achten Sie dann darauf, ob Sie bei den Paaren mit dem vermutlich guten Draht die beschriebenen Übereinstimmungen in der Körperhaltung sehen können.

Wofür ist dieses Wissen nun nützlich?

Hätte der Eroberer in der Kneipe vielleicht seine Chancen verbessern können, wenn er darauf geachtet hätte und seine Körperhaltung und Gestik an die der jungen Frau angepasst und sich auf ihre Tonlage und Sprechgeschwindigkeit eingestellt hätte?

Ja und nein – Die „automatische" Übereinstimmung der Körpersprache klappt erfahrungsgemäß besser, wenn sie unbewusst ist. Sie ist eine Folge der wechselseitigen Abstimmung von beiden Beteiligten aufeinander. Wenn man sich also bewusst auf jemanden einstellen will, hat man zunächst einmal erschwerte Bedingungen, gerade weil diese Abstimmung jetzt mit Absicht geschieht. Außerdem gibt es ja keinerlei Garantie dafür, dass der/die andere auch mitmacht. Dennoch können Sie dieses „körperliche Auf-den-anderen-Einstellen" lernen, etwa wie eine Fremdsprache oder Autofahren. Ähnlich wie bei Fremdsprachen, bei denen Sie anfangs bewusst übersetzen und formulieren, ist das automatische Anwenden erst das Ergebnis eines längeren Übungsprozesses. Dann allerdings ist es ganz einfach und verursacht keine Anstrengung mehr, es geht automatisch.

Wenn wir guten Kontakt zu unserem Gesprächspartner haben, sind wir sozusagen auf der gleichen

Wellenlänge. Beim Funken ist ja die gleiche Wellenlänge überhaupt erst die Voraussetzung dafür, dass wir uns mit dem anderen verständigen können. Je feiner Sender und Empfänger sich aufeinander einstimmen, desto deutlicher und klarer kommen die Botschaften von einem zum anderen.

Das Bild von der gleichen Wellenlänge weist noch auf einen anderen wichtigen Punkt hin: den Rhythmus. Wenn Sie mit Ihrem Partner auf der gleichen Wellenlänge sind, haben Sie den gleichen Rhythmus. Dieser Rhythmus wird zum Beispiel in den Körperbewegungen sichtbar: Gesten, Kopfnicken, Blinzeln usw. Sie können ihn auch an der Sprechgeschwindigkeit des anderen erkennen. Redet Ihr Partner schnell und atemlos, wie ein Wasserfall, ohne Pause – oder spricht er langsam, rhythmisch und mit Pausen? Die Sprechgeschwindigkeit führt uns zu einem weiteren Taktgeber, der immer da ist – wenn auch vielleicht etwas versteckter: zum Atemrhythmus.

Übung: Der Atem

Achten Sie nun einmal für einige Augenblicke auf Ihren eigenen Atem.
Atmen Sie ...

- langsam oder schnell?
- tief oder eher flach?
- unruhig oder regelmäßig?

Wo spüren Sie die Bewegung des Atems:

- Tief unten im Bauch?
- Am Zwerchfell?
- Im Brustkorb?

Spüren Sie die Bewegung beim Atmen nur auf der Vorderseite Ihres Körpers oder auch am Rücken? Stellen Sie sich nun vor einen großen Spiegel: Wo sehen Sie an sich selbst, dass Sie atmen? Finden Sie möglichst viele sichtbare Veränderungen! Bewegen sich Ihre Nasenflügel? Verrutscht eine Falte Ihrer Bluse/Ihres Hemds beim Einatmen? Bewegt sich Ihr Bauch?

Nachdem Sie nun solche Veränderungen an sich selbst gefunden haben, versuchen Sie das auch bei anderen. Beobachten Sie die Leute um sich herum und finden Sie deren Atemrhythmus heraus. Am einfachsten geht das in einem gemütlichen Gespräch. Sie können Ihren Partner dann unauffällig beobachten. Außerdem liefert Ihnen das Gespräch bzw. seine Pausen hörbare Hinweise auf den Atem des anderen. Die meisten Menschen atmen ein, wenn sie einen Satz beginnen (ausgenommen vielleicht die „Wasserfallredner"...).

Übrigens – lassen Sie sich nicht entmutigen, wenn Sie bei manchen Leuten den Atemrhythmus nicht auf den ersten Blick erkennen. In unserer Gesellschaft atmen viele Menschen sehr flach und fast unsichtbar. Aber mit etwas Übung und Ausdauer werden Sie bald mehr sehen!

Spiegeln

Angenommen, Sie können nun den Atemrhythmus Ihres Partners erkennen, Sie sehen außerdem seine Körperhaltung, den Rhythmus seiner Gesten und Kopfbewegungen, Sie hören sein Sprechtempo und die Tonlage – was machen Sie nun mit all Ihren Beobachtungen?

Sie können es natürlich dabei belassen und sich an Ihrer neu gewonnenen scharfen Beobachtungsgabe freuen. Sie können alles aber auch einsetzen, um einen besseren Draht zu Ihrem (Gesprächs-)Partner zu bekommen.

Dazu gibt es mindestens drei Möglichkeiten:

1. Übernehmen
2. Spiegeln
3. Überkreuz-Spiegeln

Spiegeln

1. *Übernehmen* bedeutet einfach, dass Sie dasselbe machen wie Ihr Partner: Wenn er mit dem Kopf nickt, nicken Sie auch (vielleicht etwas später). Wenn er lächelt, lächeln Sie auch; wenn er die Beine übereinander schlägt, tun Sie das Gleiche ...

Übernehmen

2. Beim *Spiegeln* verhalten Sie sich wie das Spiegelbild Ihres Partners. Wenn er sich nach rechts lehnt, lehnen Sie sich nach links; wenn er mit der rechten Hand gestikuliert, machen Sie das Gleiche mit der Linken usw. Sie übernehmen seine Bewegungen also seitenverkehrt.

Spiegeln

3. Beim *Überkreuz-Spiegeln* können Sie nun Ihrer Fantasie freien Lauf lassen. Ein Beispiel: Ihr Partner sitzt Ihnen gegenüber, zurückgelehnt und mit verschränkten Armen. Er wippt mit der Fußspitze und beim Reden nickt er öfter mit dem Kopf. Wenn Sie seine Armhaltung übernehmen oder spiegeln wollten, würden Sie ebenfalls Ihre Arme verschränken. Stellen Sie sich dieses Bild einmal kurz vor: Beide sitzen sich gegenüber mit verschränkten Armen, leicht zurückgelehnt ... Diese geschlossene Armhaltung wird von vielen Menschen mit Ablehnung und Reserviertheit verbunden. Das wollen Sie Ihrem Partner aber nicht unbedingt signalisieren – Sie wollen ja einen guten Kontakt zu ihm aufbauen.

Sie könnten seine Armhaltung also abgeändert übernehmen: Etwa indem Sie Ihre Füße überkreuzen oder die Hände nur im Schoß zusammenlegen. Das ist Überkreuz-Spiegeln. Wenn Sie bestimmte Körperhaltungen nicht genau spiegeln wollen, übernehmen Sie sie mit einem anderen Körperteil oder in abgeschwächter Form. Wenn Ihr Partner zum Beispiel zu großen, weit ausholenden Gesten neigt, können Sie diesen Rhythmus übernehmen, indem Sie mit dem Kopf nicken, oder Sie können die Gesten mit den Fingern andeuten.

Zurück zu unserem Beispiel:

Sie könnten die verschränkten Arme Ihres Partners spiegeln, indem Sie Ihre Füße kreuzen. Das Wippen mit der Fußspitze taucht in Ihren Fingerbewegungen wieder auf (hoffentlich in abgeschwächter

Überkreuz-Spiegeln

Form – sonst verstärken Sie wahrscheinlich nur noch die Unruhe des anderen). Das Kopfnicken können Sie dann übernehmen, wenn Sie selbst anfangen zu sprechen. So wirkt es natürlicher, als wenn Sie beim Zuhören heftig gestikulieren. Im Übrigen sprechen Sie in einer ähnlichen Tonlage und in ähnlichem Rhythmus wie Ihr Partner – erinnern Sie sich an diesen Punkt? Stellen Sie sich vor, Ihr Partner wird immer leiser, Sie immer lauter ... Sie können sich ausrechnen, wann das Gespräch abbrechen wird. Um Tonlage und Sprechrhythmus Ihres Partners zu spiegeln, müssen Sie weder ein Sprechkünstler sein, noch Ihre Stimme in ungewohnten Höhen oder Tiefen klingen lassen. Es genügt, wenn Sie von Ihrer gewohnten Art zu sprechen abweichen und einen deutlichen Schritt in die Richtung Ihres Partners gehen. Und behalten Sie im Hinterkopf: Unauffällig wirkt besser!

Und nun geht's in die Praxis:

Übung: Spiegeln

Bitten Sie einen Freund oder eine Freundin, Ihnen von einem schönen Erlebnis zu erzählen. Achten Sie beim Zuhören auf die Körpersprache Ihres Partners und stellen Sie sich allmählich darauf ein. Einige Tipps für den Anfang:

- Nehmen Sie die gleiche Beinhaltung und Sitzposition ein.
- Achten Sie auf Kopfnicken und Lächeln.
- Übernehmen Sie die Gesten des anderen und bauen Sie sie in Ihre eigenen ein.
- Sprechen Sie in einer ähnlichen Tonlage und mit ähnlicher Geschwindigkeit.

Manchmal kommt es anfangs zum so genannten „Spiegel-Phänomen". Das bedeutet, Ihr Partner merkt, dass Sie seine Körperhaltung und Bewegungen übernehmen, und fühlt sich dadurch irritiert. Das können Sie vermeiden, wenn Sie die Bewegungen nur ...

- andeuten oder überkreuz spiegeln,
- für elegante Übergänge sorgen (also nicht abrupt spiegeln),
- die Bewegungen übernehmen, wenn Sie anfangen zu sprechen
- und sie damit in Ihre eigenen Gesten einbauen.

Wie können Sie nun prüfen, ob Sie einen guten Draht zum anderen haben?

Wenn Sie Ihren Gesprächspartner kennen, können Sie ihn natürlich einfach fragen, ob ihm bei diesem Gespräch etwas aufgefallen ist. Vielleicht hatte er den Eindruck, dass Sie ihm heute besonders aufmerksam zugehört haben und dass er sich gut verstanden fühlte.

Vielleicht ist ihm (bewusst) aber auch gar nichts aufgefallen. Das ist vor allem bei so subtilen Abstimmungen wie dem Atemrhythmus oder kleinen Kopf- und Handbewegungen sehr oft der Fall. Außerdem wollen Sie ja nicht nur die bewussten Effekte kennenlernen, sondern auch die, die sich sozusagen unter der Oberfläche abspielen. Diese sind meistens noch viel interessanter.

Und dafür gibt es eine einfache Testmöglichkeit: Wenn beide Partner auf der gleichen Wellenlänge sind, stimmen sie sich immer genauer aufeinander ein. Das

Gespräch ist ein gegenseitiges Geben und Nehmen, wo man kaum mehr entscheiden kann, welcher von beiden führt und wer folgt. Beide machen automatisch das Gleiche und geben somit einen Hinweis auf den guten Draht, der zwischen ihnen besteht, so wie wir es weiter oben besprochen haben.

Unser Test, ob Sie einen guten Draht zu Ihrem Partner haben, ist ganz einfach: Sobald Sie Ihrer Meinung nach auf der gleichen Wellenlänge mit dem anderen sind, verändern Sie etwas (zum Beispiel eine bestimmte Geste oder Ihre Sitzhaltung) und schauen Sie, ob und wie Ihr Partner Ihnen folgt. Vielleicht kratzt er sich kurz darauf auch an der Nase, oder er streicht sich übers Haar ... das hängt ganz von Ihrem Partner und dem guten Draht ab.

Sie können den Test auch in der Sprache einsetzen: Beginnen Sie, im gleichen Tempo und in ähnlicher Tonlage wie Ihr Partner zu sprechen. Werden Sie dann langsamer (oder schneller) und hören Sie, wie Ihr Partner Ihnen folgt. Vielleicht ändert sich seine Sprache, vielleicht sein Atemrhythmus – es gibt viele Möglichkeiten!

Das Wichtigste bei diesem Test: Je besser Ihr Kontakt ist, und je feiner Sie sich gegenseitig auf die gleiche Wellenlänge eingestimmt haben, desto deutlichere Reaktionen können Sie schließlich beobachten.

Wenn Sie plötzlich auf einen Fremden zugehen, vor ihm stehen bleiben und sich an der Nase kratzen, wird das höchstwahrscheinlich keine durchschlagenden Änderungen seiner Körpersprache zur Folge haben – außer vielleicht einem ungläubigen Kopfschütteln.

Wenn Sie dagegen einen guten Draht zu jemandem haben, werden Sie mit Sicherheit Reaktionen bei Ihrem Partner sehen, hören, spüren ... das kommt dann ganz auf Ihre Beobachtungsgabe an (die lässt sich übrigens durch Übung schulen).

Deshalb am Schluss ein Hinweis: Es gibt wohl kaum jemanden, der gleich am Anfang auf alle Signale und Veränderungen gleichzeitig achten kann! Auch hier macht die Übung den Meister: Erinnern Sie sich einmal zurück, wie es war, als Sie Auto fahren lernten (für die Nicht-Autofahrer: Rad fahren). Anfangs waren Sie vollauf damit beschäftigt, auf das Auto vor Ihnen zu achten und gleichzeitig Gas zu geben oder zu bremsen. Nebenbei noch zu schalten war schwierig genug – wenn Sie dann auch noch den übrigen Verkehr und die Kinder auf dem Gehsteig beobachten und vielleicht noch das Radio auf den richtigen Sender einstellen sollten, schien das fast unmöglich!

Und mittlerweile geht das alles wie von selbst, ohne dass Sie viel darüber nachzudenken brauchten. Sie können sich sogar nebenbei mit Ihrem Beifahrer unterhalten ...!

Nehmen Sie sich also am Anfang nur ein oder zwei Signale vor. Wenn Sie diese dann leicht und wie automatisch beobachten können, nehmen Sie nach und nach die anderen dazu – bis Sie dann wie von selbst die Körperhaltung und Bewegungen Ihres Partners (überkreuz-) spiegeln, im gleichen Tempo und ähnlicher Tonlage reden, im selben Rhythmus atmen ...

und schließlich sogar seine Gedanken lesen können! Damit beschäftigen wir uns im nächsten Abschnitt dieses Kapitels.

Mimik und Gestik gezielt wahrnehmen

Nicht nur die großen Gesten, sondern gerade kleine Veränderungen, besonders in der Mimik, können eine Menge darüber verraten, was in Ihrem Gesprächspartner vorgeht. Diese kleinen Veränderungen kann man zudem nicht bewusst steuern – man bemerkt sie selbst oft nicht einmal.
Im Folgenden sollen Sie gezielt üben, den Gesichtsausdruck des anderen genauer zu beobachten.
Dazu machen wir es uns am Anfang etwas leichter. Es mag so viele Unterschiede in der Mimik geben wie es verschiedene Gedanken gibt. Deshalb grenzen wir für diese erste Vorübung die Gedanken und damit die Mimik des Partners ein, indem wir ihm die Gedanken vorgeben.

1. Vorübung

Nehmen Sie Kontakt auf und überprüfen Sie, ob Sie einen guten Draht zum anderen haben.
Erzählen Sie von einem Kaffeekränzchen. Schildern Sie begeistert, wie gut Ihr Lieblingskuchen geschmeckt hat. Beobachten Sie dabei, mit welchem Gesichtsausdruck Ihr Partner der Erzählung folgt. (Wenn Sie schon etwas Übung haben: Läuft ihm das Wasser im Munde zusammen? Macht er Ansätze zu Kau- oder Lutschbewegungen? Wie ändert sich die Form seiner Lippen?)
Erzählen Sie dann, dass Sie als nächstes ein Stück Zitronentorte probiert haben. Die war so sauer wie eine frisch angeschnittene Zitrone; anscheinend hatte der Konditor den Zucker vergessen.

> Beobachten Sie jetzt den Unterschied im Gesichtsausdruck Ihres Partners. Wie viele Unterschiede können Sie erkennen?
> Zum Schluss erzählen Sie, wie Sie durch einen guten Schluck Tee (Kaffee, Kognak ...) die Sache wieder ausgleichen konnten. Wir wollen ja niemanden mit einem „sauren Zitronengesicht" stehen lassen. Und außerdem können Sie dabei wieder Ihre Beobachtung üben: Was verändert sich am Gesichtsausdruck Ihres Partners?

Lieblingskuchen   saure Zitronentorte   Glas Rotwein?

Machen Sie diese Übung mindestens fünfmal in der Woche – besser noch zehnmal – mit verschiedenen Leuten. Wechseln Sie dann auch einmal das Beispiel (statt „saure Zitrone" „bittere Kräuter" oder „salzige Suppe"). Vielleicht reicht alleine diese Übung, dass Sie auf Ihre Frage „Wie schmeckt's?" die Antwort nicht mehr abzuwarten brauchen, sondern sie vorher vom Gesicht des anderen ablesen können (... und dann mit der Antwort vergleichen können).

men) Überraschungen kommen, wenn die Waage am Anfang etwa schon fünf Kilogramm anzeigt, bevor Sie überhaupt draufgestiegen sind.

Ein Hinweis: Beobachten Sie objektiv, das heißt, achten Sie auf das, was Sie sehen oder hören. Interpretationen wie „Er sieht so unglücklich aus" oder „Er schaut angestrengt" helfen Ihnen beim Kalibrieren nicht weiter. Schließlich wollen Sie von Ihrer Badezimmerwaage keine Ermahnung, endlich abzunehmen, sondern eine objektive Information über Ihr Gewicht.

Fragen Sie sich deshalb, an welchen konkreten Anzeichen Sie bei Ihrem Partner ablesen, dass er „angestrengt" oder „unglücklich" ist. Presst er die Lippen aufeinander? Sind die Muskeln der Augenpartie angespannt? Ist er blass? Solche objektiven Informationen lassen sich leicht überprüfen (schauen Sie genau hin) und sind unserem Ziel viel nützlicher.

Nachdem Sie sich nun auf den Gesichtsausdruck Ihres Partners kalibriert haben, wenn er an eine unsympathische Person denkt, achten Sie jetzt auf seine Mimik, wenn er von jemandem redet, den er gerne mag und sehr sympathisch findet.

Beobachten Sie wieder genau und sammeln Sie die Veränderungen in seinem Gesicht.

Nach dieser Kalibrierungsphase beginnen Sie im weiteren Gespräch zu raten, ob irgendwelche Leute, von denen Ihr Übungspartner redet, ihm sympathisch oder unsympathisch sind – indem Sie seinen Gesichtsausdruck mit den gespeicherten Erfahrungswerten vergleichen.

2. Vorübung

Für diese Übung brauchen Sie einen ständigen Partner – auch wenn er nichts davon weiß. Wählen Sie also jemanden, den Sie oft sehen.

Prägen Sie sich seinen Gesichtsausdruck gut ein, wenn er von jemandem redet, den er sehr unsympathisch findet und den er überhaupt nicht mag. Achten Sie auf kleine Veränderungen in seinem Gesicht:

- Verändert sich Form oder Größe seiner Lippen?
- Sind die Gesichtsmuskeln angespannt?
- Legt er die Stirn in Falten?
- Sind die Augen weit offen oder verkniffen?
- Wie ist seine Gesichtsfarbe?
- Versuchen Sie, so viele Details wie möglich zu beobachten und prägen Sie sich diesen Gesichtsausdruck gut ein. Sie kalibrieren sich so auf Ihren Partner.

Der Ausdruck Kalibrieren kommt ursprünglich aus der Technik und bedeutet soviel wie Feineinstellung. Sie wollen den jeweiligen Gesichtsausdruck Ihres Partners so genau wie möglich beobachten; ähnlich wie es ein Messgerät tun würde. Bei jedem Messgerät muss man aber erst den Nullpunkt einstellen, um den Messbereich festzulegen. Genau das tun Sie beim Kalibrieren.

Denken Sie zum Beispiel an Ihre Waage im Badezimmer. Bevor Sie sich darauf wiegen, stellen Sie auch erst den Nullpunkt ein, sonst könnte es zu (unliebsa-

Sie sollten Ihre Vermutungen auf jeden Fall überprüfen. Entweder durch Abwarten weiterer Informationen oder auch, indem Sie einfach fragen: „Wie gefällt er/sie dir eigentlich?" „Findest du ihn/sie sympathisch?"
Wenn Ihr Partner bereit ist, mit Ihnen gezielt zu üben, ist folgende Variante einfacher und sicherer:

Variante

Bitten Sie Ihren Partner, zunächst an jemanden zu denken, den er unsympathisch findet. Er soll sich genau vorstellen, wie derjenige aussieht, sich bewegt, wie seine Stimme klingt usw. Ihr Partner braucht bei alldem nichts zu reden! In dieser Phase kalibrieren Sie sich auf den Gesichtsausdruck, der dafür steht, dass der Partner jemanden nicht sympathisch findet.
Dann stellt Ihr Partner sich genauso „lebendig" jemanden vor, den er sehr gerne mag. Jetzt kalibrieren Sie auf den Ausdruck Sympathie.

Zum Üben stellen Sie ihm nun einfache Fragen wie:

Welcher der beiden, an die du gedacht hast,

- ist älter?
- hat längere Haare?
- hat das größere Auto?
- ...?

> Ihr Partner soll diese Fragen nicht laut beantworten, sondern sich die jeweilige Person vorstellen. Dann braucht er nur an die Person zu denken, für die die Antwort zutreffen würde. Sie beobachten dabei weiterhin aufmerksam sein Gesicht und raten die Antwort. (Wenn die Frage für ihn nicht zu beantworten ist, weil er es vielleicht selbst nicht weiß, soll er das gleich sagen, sonst würde er beim Überlegen an beide denken und Sie dadurch nur verwirren.) Lassen Sie sich Ihr Ergebnis auf jeden Fall bestätigen oder korrigieren!

Wenn Sie nicht gerade an ein ausgesprochenes Pokerface geraten, ist diese Übung einfacher, als Sie denken. Sie brauchen auch keine hundertprozentige Trefferquote zu erzielen, wenn Sie nicht als Zauberer im Zirkus auftreten wollen. Eine Verbesserung Ihrer Ratefähigkeiten von 50 Prozent (Zufall) auf 70 bis 80 Prozent ist schließlich auch schon ganz beachtlich.

> **Übung: Gedankenlesen**
>
> Suchen Sie sich wieder einen Übungspartner, der noch nichts von seinem Glück weiß. Nehmen Sie – nach allen Regeln der Kunst – Kontakt auf und finden Sie den guten Draht zu ihm.
> Stellen Sie ihm dann zunächst ein paar einfache Fragen, bei denen Sie ziemlich sicher mit einem Ja als Antwort rechnen können. Zum Beispiel: „Sind Sie auch aus X?", „Sind Sie mit Ihrem Auto hier?", „Lieben Sie Brahms?"

Achten Sie darauf, dass Sie in gutem Kontakt bleiben. Stellen Sie kein Verhör an, sondern bleiben Sie im Gespräch. Kalibrieren Sie sich dabei auf das „Ja-Gesicht" Ihres Partners. Wechseln Sie dann über zu einigen Fragen, bei denen Sie eher ein Nein als Antwort erwarten. Stellen Sie Ihre Fragen, beobachten Sie dabei seine Mimik und kalibrieren Sie sich auf sein „Nein-Gesicht".
Und jetzt gilt's: Stellen Sie weitere Fragen, bei denen Sie die Antwort noch nicht wissen. Legen Sie innerlich fest, bevor die Antwort kommt, ob Sie ein Ja oder ein Nein erwarten. Vertrauen Sie dabei auf Ihr Gefühl und Ihre Intuition, die die Fülle der beobachteten Informationen schneller verarbeiten können als Ihr Verstand. Üben Sie dieses Spiel, bis Sie in der Schlussphase auf etwa 80 Prozent Treffer kommen.

Die Anwendungsmöglichkeiten dieser neuen Fähigkeit sind offensichtlich. Wenn Sie von einem anderen Menschen etwas wollen, kalibrieren Sie sich zunächst auf seine Ja- und Nein-Signale. Stellen Sie dann die Frage, die Sie interessiert, in offener Form, zum Beispiel „Man könnte sich überlegen, ob diese Lösung sinnvoll wäre ...". Sehen Sie dabei ein Ja-Signal, fragen Sie gleich konkret: „Denken Sie das auch?" Sehen Sie ein Nein-Signal, reden Sie einfach weiter: „... oder ob es noch andere Gesichtspunkte zu berücksichtigen gibt."

Der Vorteil dieser Vorgehensweise ist offensichtlich: Hat Ihr Partner sich durch ein klares Nein einmal festgelegt, müsste er sich erst wieder neu entscheiden, bevor er Ihren Wünschen folgt. Diese Umentscheidung bedeutet aber zusätzlichen Aufwand, und den nimmt niemand gerne auf sich.

Einem klaren Nein können Sie nun vorbeugen. Sie können entweder vorher aufhören oder auf die Lösungsvariante hinarbeiten, der Ihr Partner auch zustimmen würde; auf jeden Fall sind Sie wesentlich flexibler. Und Sie werden die Gelegenheit nicht verpassen, ein klares Ja auch abzuholen, wenn es zur Verfügung steht.

Um Ihre Fähigkeit des Gedankenlesens weiter zu üben, bietet sich ein kleines Gesellschaftsspiel an, das Sie zum Beispiel auf Partys sehr schnell bekannt und beliebt machen kann. Es handelt sich dabei um die alte Kunst des Handlesens. Der Trick ist: Sie tun nur so, als ob Sie aus der Hand lesen – in Wirklichkeit lesen Sie aus dem Gesicht.

Die Vorbereitung ist für Ihren Partner noch gar nicht als solche zu erkennen: Sie stellen Ihre Ja- und Nein-Fragen und kalibrieren sich dabei auf Ihren Partner und seinen Gesichtsausdruck (wie in der letzten Übung beschrieben). Dann erzählen Sie eine Menge über das Handlesen und erklären, wie es angeblich funktioniert. Dabei geht es nur darum, die Aufmerksamkeit Ihres Partners auf seine Hand zu lenken, sein Interesse zu wecken und den Kontakt zu verbessern, damit er offenere Reaktionen zeigt.

Sie können zum Beispiel erzählen:

„Als wir das letzte Jahr in Kroatien im Urlaub waren, ist uns etwas ganz Merkwürdiges passiert. Wir haben auf dem Marktplatz gerade eingekauft, als eine alte Zigeunerin uns plötzlich ansprach und sagte, sie müsse uns etwas Wichtiges zeigen. Sie habe auf meiner Hand gesehen, dass uns ein Unglück drohe, und wolle uns warnen. Wir haben uns dann länger mit ihr unterhalten und später gehört, dass in der Zwischenzeit auf der Straße, auf der wir zurückfahren mussten, ein größerer Unfall passiert war ... Na ja, ich bin dann am nächsten Markttag wieder in die Stadt gefahren, und als ich die Zigeunerin erneut traf, habe ich ihr alles erzählt und sie zu einem Glas Wein eingeladen. Erst wollte sie nicht, aber dann ging sie doch mit, und wir kamen schön ins Gespräch. Dabei hat sie mir dann eine ganze Menge über die Handlesekunst verraten."

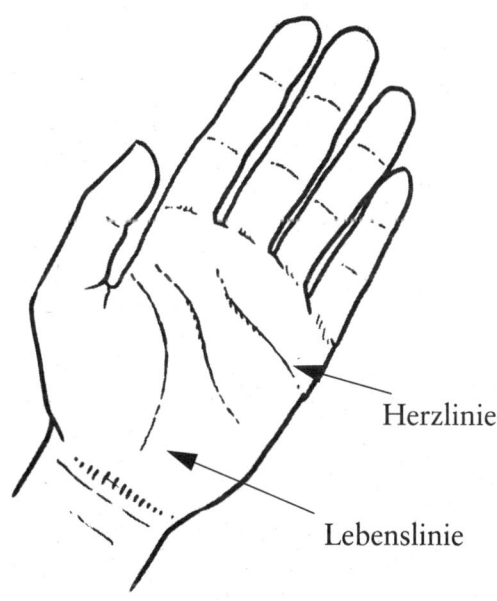

„Also, man braucht bei einem Rechtshänder die linke Hand" – und dabei nehmen Sie die linke Hand Ihres Gesprächspartners – „und schaut als erstes nach seiner Lebenslinie." Dabei deuten Sie auf die lange Linie, die von der Handwurzel auf den Zeigefinger zuläuft. Später bringen Sie dann noch die Herzlinie ins Gespräch, die unter den Fingern quer verläuft und die oberste Linie des typischen M-Musters bildet. Dann beginnen Sie mit dem Handlesen.

Die ganze Kunst besteht nun darin, anhand der Ja-Signale Ihres Partners zu möglichst konkreten Aussagen zu gelangen.

Gehen Sie von allgemein üblichen Tatsachen aus. Die meisten Menschen machen Kinderkrankheiten durch. Sagen Sie zum Beispiel: „Ich sehe eine Störung im frühen Kindesalter ... Es könnte vielleicht ... eine Krankheit oder etwas anderes gewesen sein ..." War das Ja-Signal bei „Krankheit" oder „etwas anderes"? Na also!

Und weiter „... Dies geschah im Alter von etwa zwei ... drei ... vier ... oder fünf ... sechs ... – Nein, doch ... Ja genau, eine Krankheit im Alter von sechs Jahren. Nun wollen wir sehen, ob Sie damals im Krankenhaus waren ... oder zu Hause ..." und so weiter.

Da Ihr Partner sehr genau weiß, was er weiß, aber nicht weiß, wie Sie vorgehen (es sei denn, er hat dieses Buch gelesen), wird er über die Präzision Ihrer Angaben verblüfft sein. Er kann gar nicht anders, als diese auf seine konkrete Vergangenheit zu beziehen, die er gerade im Kopf hat.

Es gibt viele Möglichkeiten, sich mit dieser Übung auch unbeliebt zu machen. Wenn Sie sich aber beliebt machen wollen, heben Sie die positiven Dinge hervor: Dass die Krankheit erfolgreich überwunden wurde, dass dabei vielleicht eine wichtige Erfahrung gemacht wurde, deren positive Bedeutung erst noch voll zum Tragen kommen wird, usw.

Einige andere Punkte, die (fast) immer zutreffen:

- eine einschneidende Veränderung um das sechste Lebensjahr herum (Schule, manchmal auch Umzug oder ähnliches),
- persönlicher Erfolg mit etwa 15 bis 17 Jahren (Schulabschluss, Bewältigung pubertärer Schwierigkeiten, manchmal sportliche Leistungen ...),
- wichtige Person (erste Liebe),
- wesentliche Neuorientierung nach dem 20. Lebensjahr (Beruf, Familie).

Je konkreter Sie das Ergebnis fassen können, bevor Sie es definitiv aus der Hand lesen, desto verblüffender ist die Wirkung und desto überzeugter wird die Zustimmung Ihres Mediums ausfallen.

Wenn Sie mal daneben tippen: Berufen Sie sich auf Ihren Amateurstatus. Sie wollen ja kein Geld dafür. Und die anderen Angaben haben doch gestimmt, oder?

Was die Augen verraten

Haben Sie schon einmal jemanden beobachtet, der Ihnen detailliert ein Bild beschreibt und dabei scheinbar ins Leere starrt? Oder der auf eine Frage antwortet: „Lass mich mal sehen ...", und dabei seitlich nach oben blickt?

Ist Ihnen schon einmal aufgefallen, wie oft Redner nach oben schauen, als ob sie ihre Eingebungen von dort erwarten würden?

Wem ging es in der Schule nicht so, dass er über eine Frage des Lehrers nachdachte und dabei hören musste: „Starr nicht an die Decke, da oben steht's nicht!" Wir sind aber gar nicht so sicher, ob der Lehrer da wirklich Recht hatte und dort oben nichts zu sehen sein soll.

All diese Beispiele zeigen, wie sich Menschen Zugang zu Informationen verschaffen. Sie konstruieren Bilder vor ihrem inneren Auge oder erinnern sich an etwas, das sie einmal gesehen haben. Interessant für Sie als Gesprächspartner ist dabei, dass Sie diese Prozesse von außen beobachten können. Diese Art des Gedankenlesens ist unser nächstes Thema.

Erinnern Sie sich noch einmal zurück an die verschiedenen Wege der Informationsaufnahme, wie sie im ersten Kapitel beschrieben wurden. Wir nehmen die Welt wahr, indem wir sie sehen, hören, fühlen, riechen oder schmecken. Die meisten Menschen haben einen oder zwei dieser Kanäle bzw. Filter verfeinert und benutzen ihn/sie nun bevorzugt. Wie Sie schon wissen, können Sie das an der Sprache des anderen erkennen. Weitere Hinweise liefern Ihnen die Augen Ihres Partners.

Wir können unsere Aufmerksamkeit entweder nach außen auf unsere Umwelt richten oder nach innen auf unsere inneren Prozesse, Empfindungen, Erinnerungen usw. Beides gleichzeitig ist nur in Ausnahmefällen möglich – im Alltag finden Sie fast immer ein „Entweder-oder".

Daher ist es wichtig, im Kontakt mit anderen darauf zu achten, wo diese mit ihrer Aufmerksamkeit gerade sind: innen oder außen. Wenn sich Ihr Partner nämlich gerade auf seine Erinnerungen konzentriert, sinkt die Wahrscheinlichkeit, dass er Ihnen aufmerksam zuhört und genau versteht, was Sie ihm sagen wollen.

Wie können Sie nun erkennen, wo Ihr Partner gerade mit seiner Aufmerksamkeit ist?

Wenn er Sie interessiert anschaut, ist er ziemlich sicher auf Sie konzentriert. Ein Hinweis kann also der Blickkontakt sein. (Außerdem können Sie ja inzwischen so nebenbei auf seine Körperhaltung achten – haben Sie einen guten Draht zueinander?)

Wenn Ihr Partner seine Aufmerksamkeit nach außen richtet, stehen die Chancen gut, dass er hört und versteht, was Sie ihm sagen wollen. Was machen Sie aber mit einem notorischen Weggucker, bei dem Sie das Gefühl nicht loswerden, dass er viel zu sehr mit seinen eigenen Dingen beschäftigt ist, um Ihnen richtig zuzuhören?

Eine Möglichkeit ist, ihn dort abzuholen, wo er gerade ist, also auf seine inneren Prozesse einzugehen. Um das herauszufinden, brauchen Sie oft nur zu beobachten, wo der andere hinschaut.

Forschungen haben ergeben, dass es bestimmte Muster bei Augenbewegungen gibt, je nachdem, ob jemand gerade etwas vor seinem inneren Auge sieht, etwas hört, fühlt oder mit sich selbst spricht.

Die Sprache des Körpers oder: Wie ich mich bewege, so bin ich

innere Bilder

konstruierte Bilder   erinnerte Bilder

„Zukunftsmusik"   hört etwas Vergangenes

Gefühle   Selbstgespräch

1. Wenn jemand nach oben oder ins Leere schaut, ist das oft ein Hinweis darauf, dass er innere Bilder sieht.
2. Blickt jemand nach links oder rechts zur Seite, kann das bedeuten, dass er gerade im Geiste etwas hört, zum Beispiel Stimmen oder Töne. Die so genannte „Telefonstellung", bei der man mit starrem Blick nach unten schaut (oft links unten bei Rechtshändern), weist oft auf innere Selbstgespräche hin.
3. Wer nach rechts unten schaut, ist dagegen (als Rechtshänder) wahrscheinlich in Kontakt mit seinen Empfindungen und konzentriert sich auf das, was er spürt oder wie er sich fühlt.

Das könnte in einem konstruierten Beispiel etwa so aussehen:

Also, wenn Sie mich fragen ...   direkter Blickkontakt (geradeaus)

Ich hab' mal so ein Auto gekauft ...   erinnertes Bild (links oben)

Meine Frau sagte oft, es sei zu teuer für uns.   hört etwas aus der Vergangenheit (links)

Die Sprache des Körpers oder: Wie ich mich bewege, so bin ich

 Andererseits – ich weiß nicht recht. Es spricht einiges dafür ... obwohl ...   innerer Dialog (links unten)

 Eigentlich bin ich froh, dass ich es los bin.   Gefühl (rechts unten)

 Wenn ich mir vorstelle, ich würde Fahrrad fahren ...   konstruiertes Bild (rechts oben)

 ... dann würde meine Frau mich wegen meiner Sportlichkeit loben!   hört „Zukunftsmusik" (rechts)

Die hier beschriebenen Augenbewegungen und ihre Bedeutung sind keine „ewigen Wahrheiten". Viele Menschen machen sich nicht die Mühe, genau in ein Modell zu passen.

Bei manchen sind zum Beispiel die Seiten vertauscht, auf denen sie Bilder erinnern oder konstruieren. Andere haben ihre eigenen Muster entwickelt, wie sie Zugang zu ihren Informationen finden können.

Klassifizierungen sind Fallen. Es geht uns nicht darum, Menschen in ein bestimmtes Schema zu pressen, sondern wir wollen von der genauen Beobachtung ausgehen und so Möglichkeiten finden, die anderen besser zu verstehen.

Falls Sie jemanden treffen, der konsequent nach oben schaut, wenn er etwas fühlt, und nach unten, wenn er Bilder sieht, heißt das nicht, dass das Modell falsch ist oder derjenige nicht normal –, es zeigt nur, dass er seine eigene Vorgehensweise entwickelt hat, um mit Informationen umzugehen. Wenn Sie das erkennen, können Sie ihn möglicherweise besser verstehen oder von ihm lernen.

Die Augenbewegungen Ihres Partners können für Sie also eine Hilfe sein, um genauer zu *sehen*, was in ihm vorgeht, und sich dann im Kontakt zu ihm darauf einzustellen.

Angenommen, Sie diskutieren mit Ihrem Kollegen über eine neue Form der Arbeitsteilung und er blickt häufig nach oben oder schaut beim Reden in die Ferne. Sie könnten darauf eingehen, indem Sie ihn zum Beispiel fragen: „Wie *siehst* du das?", „Ist mein Argument *klar* für dich?"

Schaut Ihr Partner dagegen viel nach unten links („Telefonstellung"): „Verstehe ich dich richtig?", „Wie hört sich das für dich an?"

Finden Sie selbst weitere Beispiele!

3. Kapitel

Unsere Sprache
oder: Wie Worte wirken

Das Gleiche sagen, Unterschiedliches meinen

Im letzten Kapitel ging es um mehrere Möglichkeiten, wie Sie herausfinden, wo Ihr Gesprächspartner gerade mit seinen Gedanken ist, und wie Sie sich darauf einstellen können. Wenn sich seine Aufmerksamkeit nach innen richtet, können Sie beispielsweise oft an seinen Augen(bewegungen) ablesen, womit er sich gerade beschäftigt: Mit Bildern seiner Erinnerung, mit Selbstgesprächen oder mit seinen Gefühlen. Wie Sie ihn dort abholen können, war Thema der vergangenen Kapitel. Deshalb hier gleich die Frage an Sie in Form einer kurzen Übung.

Übung: Den Partner „abholen"

Welche Möglichkeiten gibt es, wie Sie sich auf Ihren Partner einstellen können, um ihn „abzuholen"? Finden Sie mindestens drei verschiedene, sprachliche und nonverbale Mittel:
1. ...
2. ...
3. ...
...

Wenn Ihnen das schwer fallen sollte, blättern Sie noch einmal zurück zum zweiten Kapitel, oder schauen Sie sich die Auflösung auf der nächsten Seite an.

Auflösung

Bisher haben Sie in diesem Buch folgende Möglichkeiten kennengelernt:
Sie können ...

- Gesten,
- Körperhaltung,
- Bewegungsrhythmus,
- Atemrhythmus und/oder
- Sprache im Lieblingskanal

des Partners ....

- übernehmen,
- spiegeln,
- überkreuz-spiegeln.

Soweit ist also alles klar; die Voraussetzungen für ein anregendes Gespräch, einen interessanten Meinungsaustausch oder einen aufmerksamen Zuhörer haben Sie nun geschaffen. Bedeutet das aber, dass Sie automatisch davon ausgehen können, dass Ihr Partner Sie genau versteht und umgekehrt?

Sicher haben Sie auch schon die Erfahrung gemacht, dass sich im Laufe eines Gesprächs plötzlich herausstellte: „Wir reden über ganz verschiedene Sachen!" Oder wenn es sich nicht so direkt zeigte, fühlten Sie sich danach merkwürdig frustriert und hatten das Gefühl, am anderen vorbeigeredet zu haben? „Wenn zwei das Gleiche sagen, meinen sie noch lange nicht dasselbe." So nennt der Volksmund dieses Phänomen, und das ist das Thema unseres dritten Kapitels.

Dazu gleich ein kleines Experiment.
Stellen Sie sich bitte einmal eine Feder bildlich vor:
STOPP!
An was für eine Feder haben Sie gedacht? An eine Vogelfeder? Oder an eine Stahlfeder, Blattfeder, Spiralfeder? An eine Schreibfeder? Dieses einfache Experiment zeigt: Wir haben zu einem bestimmten Wort in einer bestimmten Situation eine ganz bestimmte Vorstellung – und diese stimmt nicht notwendigerweise mit den Vorstellungen anderer Menschen überein. Jeder hat sein ganz persönliches Bild.

Auch wenn Sie (so wie ich) an eine Vogelfeder gedacht haben: War es eine große, kleine, weiße, bunte, feste, flaumige? Versuchen Sie nun einmal, *Ihre* Feder so genau zu beschreiben, dass ein Außenstehender *genau das gleiche* Bild dieser Feder sehen würde. Das ist Ihnen nicht gelungen? Kein Wunder – dies ist die einzige Aufgabe in diesem Buch, die unmöglich auszuführen ist.

Sie können zwar sprachlich immer präziser werden, um Ihre Erinnerung oder Ihre Gedanken konkret zu beschreiben. Aber Sie werden nie einen anderen Menschen dazu bringen können, sich (um bei diesem Beispiel zu bleiben) ganz genau *diese* Feder vorzustellen, wenn Sie nur davon reden und ihm nicht die Feder in Wirklichkeit zeigen.

Das hat einen einfachen Grund: Um den Begriff Feder zu denken und sich gar eine Feder bildlich vorzustellen, müssen Sie das Wort mit Ihrer persönlichen Erfahrung verknüpfen. Sie greifen also auf Ihre

Erinnerungen zurück, um das Wort Feder überhaupt verstehen zu können. Dieser Prozess läuft blitzschnell und völlig automatisch ab. Ihre persönliche Erfahrung ist aber mit den Federn verknüpft, die Sie schon gesehen haben, und der allgemeinen Vorstellung Feder, die Sie sich daraufhin gemacht haben. Diese inneren Vorstellungen sind immer einzigartig für jeden von uns, und oft unterscheiden sie sich sogar recht beträchtlich von denen anderer Leute.

Nachdem jeder von uns Worte als „Etiketten" seiner persönlichen Erfahrung gebraucht, meinen wir also oft nicht dasselbe, wenn wir vom Gleichen reden. Das mag banal klingen, aber die Erfahrung (Welche eigentlich nun? Meine, unsere, Ihre ...?) zeigt, dass viele Menschen häufig diesen Aspekt im Umgang mit anderen nicht berücksichtigen. Sie gehen davon aus, dass andere ebenso wahrnehmen, denken, fühlen und reagieren wie sie selbst. Nur trifft diese Annahme eben in der Regel *nicht* zu. Und manchmal führt sie sogar zu skurrilen Ergebnissen ...

Zwei ältere Damen machen einen gemütlichen Spaziergang. Am Waldrand setzen sie sich auf eine Bank und gönnen sich eine kleine Pause. Drüben auf der anderen Talseite steht eine Kapelle malerisch im Sonnenschein. Die eine Dame lauscht dem Zirpen der Grillen, die andere beobachtet, wie eine Mädchenklasse zum Kirchlein wandert, hineingeht und zu singen beginnt. „Ist das nicht eine wunderbare Musik?" fragt sie ganz ergriffen. „Oh ja", antwortet die erste. „Und dabei entstehen diese Töne nur, indem sie ihre Hinterbeine aneinander reiben."

Jeder von uns füllt also die Worte der Sprache mit seinem persönlichen Inhalt. In der Regel fällt das nicht besonders auf – außer bei solch spektakulären Missverständnissen wie bei oben erwähntem Beispiel. Gerade die unmerklichen Bedeutungsunterschiede sind es aber, die die Kommunikation erschweren und behindern.

Wie können Sie dieses Problem lösen?

Sie können natürlich einfach nachfragen „Wie meinst du das?", „Was bedeutet das für dich?" oder ähnlich. Abgesehen davon, dass Ihr Partner wahrscheinlich leichte Ermüdungserscheinungen zeigt, wenn er zum siebzehnten Mal ein Wort erklären und definieren soll, ist dieses Verfahren recht zeitaufwendig. (Wie man – wenn nötig – die richtigen Fragen stellt, wird uns im zweiten Teil dieses Kapitels noch beschäftigen.)

Entscheidend ist die Tatsache, dass die Worte, die wir wählen, unsere persönliche Sichtweise der Welt widerspiegeln. Wir sind uns der Prozesse, die zur Wahl des jeweiligen Wortes führen, in der Regel nicht bewusst. Sie laufen unterschwellig ab und dringen nur höchst selten in unser Wachbewusstsein. Eine dieser Ausnahmen wäre zum Beispiel der erste Anstandsbesuch bei den Eltern der neuen Freundin. Hier wird der eingeladene junge Mann seine Worte sicher sorgfältig wählen – um den Eltern zu gefallen!

Wenn Sie das sozusagen im Hinterkopf behalten, statt selbstverständlich davon auszugehen, dass eine Sichtweise für alle gilt, haben Sie den Grundstein für eine erfolgreiche Kommunikation gelegt.

Der amerikanische Psychologe Joseph Yeager bietet hierfür einen interessanten Vergleich.

Die Metapher vom dunklen Zimmer

Stellen Sie sich vor, Sie wachen in einem fremden, dunklen Zimmer auf und haben keine Ahnung, wo Sie hier eigentlich hingeraten sind. Wenn Sie nun hastig aufspringen und Hals über Kopf zur Tür stürzen (wo ist die eigentlich?), werden Sie in der Dunkelheit wohl nicht weit kommen, ohne mehrmals schmerzhaft irgendwo anzurempeln.
Tasten Sie sich stattdessen vorsichtig weiter, von einem Möbelstück zum anderen. Achten Sie auf scharfe Ecken und Kanten, auf verborgene Stufen und andere Stolpersteine – so werden Sie sicher und unverletzt den Lichtschalter oder die Tür finden.

Was hat dieses dunkle Zimmer nun mit erfolgreicher Kommunikation zu tun?

Wenn jemand mit Ihnen spricht, befinden Sie sich gewissermaßen im Dunkeln: Sie wissen nicht, was im Kopf des anderen vorgeht, wie sein „Zimmer" eingerichtet ist und wo die gefährlichen Ecken und Kanten sind.

Um nicht gegen unerwartete Widerstände anzurennen, ist es deshalb wichtig, sich erst einmal vorsichtig herumzutasten, um herauszufinden, wie Ihr Gesprächspartner sein „Zimmer" eingerichtet hat. Wenn Sie dann schließlich beim Lichtschalter angelangt sind (und erkennen, was Ihr Partner will, was seine Ziele oder Motive sind), werden Sie vielleicht sehen, dass sein Zimmer ganz anders eingerichtet ist als das Ihre.

Nachdem es bisher hauptsächlich um die Wortwahl ging, beschäftigen wir uns nun mit dem Inhalt der Kommunikation. Dabei gibt es mehrere Hilfen, wie Sie effektiv Informationen sammeln können. Oft teilt Ihr Partner Ihnen nämlich wichtige Dinge nicht mit – sei es, weil sie für ihn selbstverständlich sind oder (das ist das andere Extrem) weil sie in seiner Sicht der Welt nicht vorkommen.

Effektive Kommunikation

Um den Überblick zu erleichtern, geben wir Ihnen zunächst eine kurze Übersicht zu diesem Kapitel und erläutern die einzelnen Punkte im Anschluss ausführlich:

1. Oft fehlt gerade das Wichtigste im Satz
   a) einfache Auslassung
   b) „im luftleeren Raum"
   c) unspezifischer Bezug
   d) „Gefrierschrank"
2. Selbstauferlegte Einschränkungen
   a) „Ich kann nicht"
   b) „Keiner mag mich"
3. Verformungen
   a) „Er macht mich unglücklich"
   b) „Hellsehen"(= Gedankenlesen)
   c) „Ewige Wahrheiten"

1. Oft fehlt gerade das Wichtigste im Satz

In jedem Moment strömt eine riesige Menge an Informationen aus unserer Außen- und Innenwelt auf uns zu: Wahrnehmungen, Gedanken, Gefühle, Erinnerungen ... Es ist unmöglich, sich auf alle diese Erfahrungen gleichzeitig zu konzentrieren – geschweige denn, sie bis ins kleinste Detail zu beschreiben.

Erinnern Sie sich nur einmal an die Wahrnehmungsübung aus dem ersten Kapitel. Sie können sich nicht gleichzeitig auf die Geräusche um Sie herum, auf Ihren Atem, die Empfindungen auf Ihrer Haut, die Temperatur etc. konzentrieren. Diese Menge an Details überschreitet den Umfang dessen, was Sie bewusst auf einmal wahrnehmen können.

> **Übung: Vieles bleibt ungesagt ...**
>
> Denken Sie einmal an eine gute Freundin oder an einen guten Freund. Stellen Sie sich diesen Menschen genau vor: Sehen Sie ihn/sie gewissermaßen vor Ihrem „geistigen Auge".
> Wie lange dauert dieser Vorgang? – Maximal einige Sekunden oder ein paar Minuten.
> Versuchen Sie nun, Ihren Freund/Ihre Freundin mit *Worten* so zu beschreiben, dass kein Außenstehender ihn/sie verwechseln könnte. Beschreiben Sie so genau, dass ein Fremder diese Person auf Anhieb in einer Menschenmenge erkennen und identifizieren könnte. Wie lange brauchen Sie dazu? Eine Stunde, einen Tag? Geht es überhaupt? Wahrscheinlich nicht. In jedem Fall dauert dies wesentlich länger, als sich Ihren Freund nur vorzustellen.

Wir können unsere Erfahrungen nicht ganz exakt bis ins kleinste Detail beschreiben. Das würde unendlich viel Zeit in Anspruch nehmen (und einen sehr geduldigen Zuhörer voraussetzen). Also beginnen wir, beim Reden Dinge auszulassen. Das ist ein völlig natürlicher und sinnvoller Vorgang. Er ist wichtig, um Zeit und Energie zu sparen und damit unentbehrlich für unser Überleben – sofern wir nur die unwichtigen, nebensächlichen Dinge auslassen. Sobald wir aber anfangen, wichtige Sachen auszulassen, wird es problematisch. (In diesem letzten Satz finden Sie übrigens auch mindestens drei solcher Auslassungen: Was sind „wichtige Sachen"? Wichtig für wen? Was wird problematisch?)

a) Einfache Auslassung
„Ich bin unglücklich", „Ich bin verwirrt", „Ich habe Angst". Diese Aussagen haben eines gemeinsam: Wichtige Informationen wurden weggelassen. „Angst haben" zum Beispiel beschreibt eine Beziehung zwischen zwei Dingen. *Jemand* hat vor *etwas* Angst. Wenn Sie nicht wissen, wovor Ihr Gesprächspartner Angst hat, können Sie ihn auch nicht verstehen – es sei denn, Sie legen Ihre eigenen Erfahrungen und Interpretationen in diesen Satz hinein. Dabei könnte es aber passieren, dass Sie im Dunkeln des Zimmers sozusagen über eine Stufe stolpern ... Sie können die fehlende Information aber sehr leicht bekommen – wenn Sie nachfragen:
Wovor hast du Angst?
Vor wem?

b) „Im luftleeren Raum"
Eine andere Form der Auslassung sind Aussagen, die im „luftleeren Raum" zu schweben scheinen. Beispiele dafür finden Sie in den meisten Unterhaltungen: „Mir geht es heute schon viel besser." „Er ist ein schlechter Mensch." „Am besten vergessen wir das." „Du hältst jetzt besser deinen Mund!"
Auch diese Sätze können Sie durch einfache Fragen knacken:
Besser im Vergleich wozu?
Schlechter als was/wer?
Sie holen dadurch die Aussagen aus dem luftleeren Raum sozusagen wieder auf den Boden zurück, genauer: Auf den Boden Ihrer gemeinsamen Gesprächsbasis. Auf diese Weise schaffen Sie ein gemeinsames Bezugssystem: Sie und Ihr Partner messen gewissermaßen mit dem gleichen Maßstab. Erst dadurch wird ein Gespräch möglich, in dem Sie sich wirklich gegenseitig verstehen – und nicht nur mit Ihren persönlichen Maßstäben messen.

c) Unspezifischer Bezug
Wer kennt sie nicht, Sätze wie „Sie hat mir gesagt, dass es so enden würde." „Sie mögen mich eben nicht." „Er weist mich ab."
Sie als Zuhörer können nun zustimmen und sich Ihre eigenen Gedanken darüber machen, wer „sie" wohl sein mag und wie „es" endete. Die Frage ist nur: Inwieweit stimmen Ihre eigenen Vorstellungen und Fantasien mit dem überein, was Ihr Partner ausdrücken will?

Sie können natürlich auch abschalten und an andere, erfreuliche Dinge denken. Wenn Ihnen aber an Ihrem Partner und dem Gespräch gelegen ist, dann fragen Sie doch einfach wieder nach:
Wer sind „sie"?
Was endet wie?

d) „Im Gefrierschrank"
Diese Form der Auslassung ist besonders interessant, weil sie so unauffällig erscheint. Im normalen Gespräch wird sie leicht überhört – und am Ende wundern Sie sich vielleicht über das Gefühl der Machtlosigkeit, das Sie langsam beschleicht.

Typische Sätze sind: „Ich bekomme keine Anerkennung", „Ich habe alles Vertrauen verloren". Das Vertrauen wird hier wie eine Geldbörse behandelt – wenn man es verloren hat, ist es weg. Man geht damit um, als wäre es ein Gegenstand. Dabei wird aber der Prozess, dass jemand einem anderen in einer bestimmten Art und Weise vertraut, sozusagen „eingefroren" und zum Gegenstand, zum Ereignis gemacht.

Ein Ereignis geschieht zu einer bestimmten Zeit und ist danach abgeschlossen. Der Ausgang ist festgelegt und wir können im Nachhinein nichts unternehmen, um ihn zu ändern.

In einen fortlaufenden Prozess dagegen kann man jederzeit eingreifen. Indem man solche Prozesse aber als Ereignisse beschreibt, verliert man die Kontrolle darüber und macht sich selbst handlungsunfähig.

Dasselbe geschieht, wenn jemand behauptet: „Die Spannung baute sich im Raum auf" – als würde ein Handwerker etwas im Zimmer installieren. Der Sprecher benutzt das Wort Spannung wie eine Sache und vergisst dabei zu erwähnen, wer sich in welcher Situation wie angespannt hatte.

Dies sind unauffällige Auslassungen. Sie sprechen über Gegenstände, die keine sind, und stellen sie damit als unveränderliche Tatsachen dar. Wenn sich Spannung erst einmal aufgebaut hat, ist sie da, und es wird schwer sein, sie wieder abzubauen (womit?).

Wenn jemand dagegen sagt: „Ich bemerkte, wie ich mich anspannte, als die Rede auf dieses Thema kam", kann er die Situation relativ leicht selbst wieder verändern, indem er sich *ent*spannt, tief atmet und seine Schultern lockert.

Beispiele für solche eingefrorenen Prozesse gibt es zahlreiche:

Zurückweisung: *Wer* weist *wen* zurück?
Anerkennung: *Wer* erkennt *wen/was* an?
Widerstand: *Wer* leistet *wem/was* Widerstand?
Beziehung: *Wer* bezieht sich *wie* auf *wen*?

Wenn Sie nicht ganz sicher sind, wie Sie solche Eisblöcke erkennen, achten Sie zunächst einmal nur auf die Wörter, die auf -ung enden. Jedes von ihnen kann man „auftauen", zum Beispiel: Erfahrung, Haltung, Meinung, Einstellung, Überzeugung, Unterstützung, Trennung ...

Bei anderen eingefrorenen Wörtern fragen Sie sich einfach, ob es eine Möglichkeit gibt, diesen Eisblock als Vorgang oder Prozess zu beschreiben.

Zum Beispiel:

Kritik	Wer kritisiert *wen/weswegen*?
Streit	Wer streitet mit *wem worüber*?
Unglück	Wer ist *worüber* unglücklich?
Mut	Wer ist *wann* mutig?
Hilfe	Wer hilft *wem*?

2. Selbstauferlegte Einschränkungen

Bis hierher haben wir uns vor allem auf die Auslassungen konzentriert, die wir in fast jedem Gespräch, in fast jedem Satz verwenden. Indem wir Dinge weglassen, reduzieren wir unsere (Erfahrungs-) Welt auf Ausmaße, mit denen wir gut umgehen können. Dies ist in vielen Bereichen sinnvoll, zum Beispiel wenn wir einem anderen in begrenzter Zeit unsere Erfahrungen mitteilen wollen. Wir konzentrieren uns dann auf das Wesentliche und lassen die unwichtigen, nebensächlicheren Einzelheiten weg.

Die Reduktionen, die wir so ständig vornehmen, können aber auch zur selbstauferlegten Einschränkung werden. Indem wir bestimmte Informationen vernachlässigen, verleugnen oder umformen, hemmen wir unsere eigene innere Beweglichkeit. Dies gilt vor allem für Aussagen über die Unmöglichkeit, bestimmte Dinge zu tun („Ich kann/darf/soll nicht ..."") und für ungeprüfte Verallgemeinerungen („Keiner mag mich"). Diese beiden Formen sprachlicher Selbsteinschränkung, die zu einer starren inneren Haltung führen, werden wir nun etwas genauer unter die Lupe nehmen.

a) „Ich kann/darf/soll nicht ..."
„Das kann ich meiner Mutter nicht erzählen!", „Ich kann ihr das nicht antun", „Da muss ich mich einfach anpassen und ihr zustimmen".

Wer als Zuhörer auf solche Äußerungen mit guten Ratschlägen reagiert, wird früher oder später wahrscheinlich frustriert aufgeben, wenn sein Partner mit immer neuen „Muss" und „Kann nicht" aufwartet. Die Situation ist ähnlich der, wenn Sie einem Eskimo von der brütenden Mittagshitze erzählen wollen, die an einem Sommertag in Italien herrscht. Er wird Sie auch nach einer ausführlichen Beschreibung nicht verstehen können, weil Mittagshitze in seiner Erfahrungswelt nicht existiert.

Auch Ihr Partner lebt in einer eingeschränkten Erfahrungswelt, für die er allerdings – anders als der Eskimo – selbst verantwortlich ist. Dies wird ihm nur in der Regel nicht bewusst sein, und genau an diesem Punkt können Sie im Gespräch anknüpfen.

Wenn Ihr Gesprächspartner behauptet: „Ich kann ihr das nicht erzählen!", bietet sich sofort die Frage an: „... sonst passiert was?" Mit anderen Worten, Sie fragen nach den Konsequenzen der unvorstellbaren Tat. Dadurch bekommen Sie Informationen über die Einschränkungen des Sprechers – vielleicht will er den Zorn seiner Mutter nicht herausfordern und passt sich deshalb ihren Erwartungen an. Es kann aber auch passieren, dass Ihr Gegenüber plötzlich bemerkt, dass die Folgen gar nicht so unvorstellbar wären und dass er ohne rechten Grund auf seinem „Ich kann nicht" beharrt. Oft nehmen wir eine große Zahl solcher Einschränkungen aus der Kindheit mit ins Erwachsenenalter, ohne sie auch nur einmal auf ihren Wahrheitsgehalt oder ihre tatsächliche Bedrohlichkeit zu überprüfen. Diese Einschränkungen nehmen allmählich die Eigenschaft von Fossilien an; sie versteinern zusehends und erscheinen dadurch erst recht unantastbar.

Vielleicht war es für den Sprecher in seiner Kindheit gefährlich, den Zorn seiner Mutter herauszufordern, weil er noch direkt auf sie angewiesen war und sich nicht gegen sie wehren konnte. Heute dagegen, als Erwachsener, hat sich die Situation für ihn deutlich geändert. Der Zorn seiner Mutter ist nicht mehr so bedrohlich – außerdem ist es wahrscheinlich, dass sich auch die Mutter in all den Jahren geändert hat und heute vielleicht ganz anders reagieren würde. Das heißt, es müsste erst einmal überprüft werden, ob die erwartete Katastrophe überhaupt (noch) eine reelle Gefahr darstellt.

Sie können also scheinbar unantastbare Sätze wie „Ich kann/darf/soll nicht ..." relativ einfach auf den Boden der Realität zurückholen, wenn Sie nach den Konsequenzen fragen:

„Was würde passieren, wenn du es versuchen würdest?", „Was hindert dich daran?"

Vielleicht erkennt Ihr Partner durch dieses einfache Nachfragen schon, dass das Hindernis gar nicht so unüberwindlich ist. Und selbst wenn er nicht auf Anhieb die Zusammenhänge durchschaut, können Sie im weiteren Gespräch darauf eingehen, um herauszufinden, was an dieser Konsequenz für Ihren Partner so schrecklich wäre, dass er sie um jeden Preis vermeiden will. Vielleicht entpuppt sich das gefürchtete Gewitter ja als angenehm kühler Lufthauch in der Mittagshitze ...

Übrigens – diese Einschränkungen kommen wahrscheinlich nicht nur bei Ihren Gesprächspartnern, sondern auch bei Ihnen selbst vor. Damit Sie nicht nur bei anderen nach Splittern suchen und den Balken im eigenen Auge übersehen, achten Sie auch bei dem, was *Sie* sagen, auf Aussagen wie „Ich kann nicht ...". Wenn Sie sich dabei ertappen, fragen Sie sich selbst ebenso: „Was würde geschehen, wenn ich es tun würde? Was hält mich davon ab?" Vielleicht hält Sie weniger ab, als Sie denken!

b) „Keiner mag mich"
Indem wir persönliche Erfahrungen verarbeiten, zimmern wir unser Weltbild. Jede neue Erfahrung ist wie ein neuer Mosaikstein und wird in das entstehende Bild eingefügt. Manche dieser Mosaiksteine erhalten jedoch von uns mehr Gewicht als andere, denn wir verallgemeinern Erfahrungen.

Stellen Sie sich vor, ein Kind fragt seinen Vater etwas, wenn dieser abgearbeitet und müde nach Hause kommt. Das Kind bekommt keine Antwort. Daraus kann es entweder lernen, dass es ungünstig ist, den abgearbeiteten Vater etwas zu fragen, weil man dann keine Antwort bekommt. Das wäre eine angemessene und zutreffende Schlussfolgerung. Wenn das Kind aber in Zukunft überhaupt nicht mehr wagt, dem Vater irgendeine Frage zu stellen, ist dies eine unangemessene Verallgemeinerung. Falls dieser Mensch sich als Erwachsener nicht mehr traut, irgendjemandem eine

Frage zu stellen, ist die Verallgemeinerung noch umfassender und einschränkender geworden.

Verallgemeinerungen sind also insofern selbstauferlegte Einschränkungen, als sie einen Verlust an Details und Fülle der ursprünglichen Erfahrung bewirken. Sie hindern uns daran, Unterscheidungen zu treffen, und führen so zu eingeschränkten Wahlmöglichkeiten: Wir reagieren gleich, obwohl sich die Situationen voneinander unterscheiden. (Der Vater würde, sobald er sich ausgeruht hat, seinem Kind sicher gerne Fragen beantworten.)

Gleichzeitig kann durch Verallgemeinerungen eine spezifische schmerzliche Erfahrung zu einer Verfolgung durch alle Welt erweitert werden. Zum Beispiel kann ein enttäuschter junger Mann die spezifische Erfahrung „Meine Freundin hat mich zurückgewiesen" ausdehnen zu „Frauen mögen mich nicht" oder sogar zu „Keiner mag mich".

Wie können Sie als Zuhörer und Gesprächspartner auf solche Verallgemeinerungen reagieren? Erinnern Sie sich noch einmal an das, was wir über die Entstehung von Verallgemeinerungen sagten. Jede Generalisierung hat ihren Ursprung in einer spezifischen Erfahrung, einem ganz bestimmten Mosaiksteinchen. Durch die Verallgemeinerung wird dieses Steinchen quasi aufgeblasen, sodass es große Bereiche des ganzen Mosaiks verdeckt. Das aufgeblasene Steinchen hat unter Umständen gar nicht mehr so viel mit dem ursprünglichen zu tun. („Vater hat mit mir geschimpft" wird so zu „Männer sind gefühllos".)

Konkret bedeutet das, dass Sie versuchen können, die Verallgemeinerung wieder mit der speziellen Erfahrung zu verknüpfen, von der sie ursprünglich stammt. Durch einfaches Nachfragen gelingt es meist recht schnell, die Luft aus diesem aufgeblasenen Steinchen herauszulassen, sodass es wieder auf seine angemessene Größe schrumpft.

Wenn Ihr Gesprächspartner sich beispielsweise beklagt: „Keiner versteht mich!", können Sie diese Verallgemeinerung auf den Boden der Realität zurückholen, indem Sie ihn fragen:

„Wirklich niemand?", „Gab es irgendwann einmal jemanden, der dich verstanden hat?"

Auf Fragen solcher Art folgt häufig zunächst ein verblüfftes Schweigen, bis dann zögernd die Antwort kommt: „... Doch schon ... eigentlich gab es mal jemanden ..."

Dieses einfache Fragen nach Widersprüchen, Ausnahmen von der Regel und Gegenbeispielen wirkt bei allen Generalisierungen. (Wie würden Sie übrigens diesen letzten Satz knacken? Genau: Sie fragen, ob es schon einmal nicht gewirkt hat. Unsere Antwort dazu ist: Nach unserer Erfahrung hat es bisher immer funktioniert.)

Ebenso wie bei „Ich kann/darf/soll nicht ..." gibt es auch für Verallgemeinerungen bestimmte Signalwörter. Wenn Sie diese Wörter hören (bei sich selbst oder bei anderen), sollte in Ihrem Kopf sozusagen ein rotes Alarmlämpchen aufleuchten.

Einige Signalwörter:

Keiner hat Verständnis für mich.
Mein Chef ist *immer* gereizt.
Sie hört mir einfach *nie* zu.

Nichts klappt bei mir – *alles* geht schief!
An den letzten Urlaub habe ich *nur* schlechte Erinnerungen.

3. Verformungen

Wir haben bereits gesagt, dass wir unser Weltbild aus vielen einzelnen Erfahrungen wie ein Mosaik zusammenbauen. Manche der Mosaiksteine sind uns wichtiger als andere, wir rücken sie also mehr ins Zentrum des Bildes. Vielleicht vergrößern wir auch einige davon: Wir blasen sie auf, wie wir es im letzten Abschnitt über Verallgemeinerungen beschrieben haben.

Nun kann es natürlich geschehen, dass wir Mosaikteilchen finden, das heißt Erfahrungen machen, die scheinbar nicht in unser Bild hineinpassen. Diese „Teilchen" können wir dann nicht einfach verschwinden lassen, denn Erfahrungen kann man nicht (oder nur unter großer psychischer Kraftanstrengung) aus dem Bewusstsein verdrängen.

Es gibt aber noch andere Möglichkeiten, diese Erfahrungs-Bausteine doch in das entstehende Bild einzubauen: Entweder wir ändern unser (Welt-)Bild und integrieren die neuen Erfahrungen – oder wir ändern die Erfahrungen.

Jede unserer persönlichen Erfahrungen ist subjektiv, deshalb können wir sie auch verändern. Die Realität ist so, wie sie ist, das heißt aber nicht, dass es nur eine Möglichkeit gibt, sie wahrzunehmen und zu erfahren. Gut bekannt ist hier das Beispiel des zur Hälfte gefüllten Glases, das der eine als „halb leer", ein anderer dagegen als „halb voll" bezeichnet.

Wir können zwar die Realität – das zur Hälfte gefüllte Glas – nicht ändern, wohl aber unsere Erfahrung der Realität.

Zurück zu unserem Mosaik und den „unpassenden" Teilchen: Erfahrungsgemäß ändern die meisten Menschen lieber die einzelnen neuen Teilchen – bringen sie also in die notwendige Form – , als dass sie das ganze Bild umgestalten. Denn dies wäre ein ungleich größerer Aufwand, und wer nimmt schon gerne freiwillig Mühen auf sich, nur um am Ende zu bekennen, dass sein bisheriges Weltbild falsch war ... Da werden lieber die einzelnen Mosaiksteinchen zurechtgeformt und für das Gesamtbild passend gemacht.

Diese veränderten Erinnerungsteilchen fallen häufig kaum auf und ein ungeübter Beobachter würde nur sehr schwer erkennen, dass hier etwas zurechtgebastelt wurde, was ursprünglich anders aussah. Oft fällt es am Ende nicht einmal mehr dem Mosaik-Eigentümer selbst auf, und er vergisst seine Änderungsarbeit. (Diese geschieht ohnehin häufig unbewusst.)

Deshalb wollen wir nun Ihre Augen und Ohren etwas schärfen und Ihnen Möglichkeiten zeigen, wie Sie von der verformten zurück zur ursprünglichen Erfahrung gelangen.

a) „Er macht mich unglücklich!"
„Deine Unpünktlichkeit macht mich rasend." „Seine Stimme irritiert mich." „Das schlechte Wetter macht mich ganz trübselig." „Er jagt mir Angst ein." „Er macht mich unglücklich."

Bei all diesen Sätzen wurde eine relativ unauffällige, aber sehr wirkungsvolle Umbauarbeit geleistet. (Oft bemerkt der Sprecher sie nicht einmal!) Alle Sätze haben das gleiche Grundmuster: Jemand handelt (kommt zum Beispiel zu spät), und der Sprecher reagiert mit einem Gefühl (wird wütend). In manchen Beispielen geht es nicht einmal um eine Handlung, sondern um eine Tatsache (schlechtes Wetter), auf die ebenfalls mit einem Gefühl (trübselig) geantwortet wird.

Scheinbar handelt es sich dabei um einen Ursache-Wirkungs-Zusammenhang. „Weil du zu spät kommst, werde ich wütend." Dieser kausale Zusammenhang – und hier nähern wir uns dem ursprünglichen Mosaiksteinchen – ist aber wirklich nur scheinbar. In der Realität besteht einzig und allein ein zeitlicher Zusammenhang.

Dies lässt sich einfach beweisen: Bei kausalen Zusammenhängen gibt es bei einer gegebenen Ursache nur eine Wirkung. Wenn ich einen Stein hochhebe und loslasse, fällt er nach unten. Es gibt nur diese Möglichkeit – der Stein kann nicht nach oben fallen oder in der Luft schweben.

Auf die Tatsache, dass jemand zu spät kommt, können Sie aber ganz verschieden reagieren: Sie können sich aufregen, es ignorieren, akzeptieren, die Zeit anders nutzen. Diese Wahlmöglichkeiten bleiben Ihnen jedoch verschlossen, wenn Sie nach dem Ursache-Wirkungs-Schema reagieren: „Weil er zu spät kommt, werde ich wütend."

Wenn Ihr Gesprächspartner also mit Aussagen nach dem Motto „Er macht mich unglücklich" kommt, prüfen Sie kurz innerlich nach, ob es sich hier nur um einen *scheinbar* kausalen Zusammenhang handelt – könnte Ihr Partner auch anders reagieren? Fragen Sie dann nach: „Wie macht er dich unglücklich?", „Wie schafft er es durch seine Unpünktlichkeit, dass du wütend wirst?"

Durch Fragen nach dem Prozess, der zu der gefühlsmäßigen Reaktion Wut führt, können Sie Ihren Partner an seine Eigenverantwortlichkeit erinnern. Unsere Gefühle entstehen in uns, und kein anderer außer uns selbst ist dafür verantwortlich. In dem Moment, wo wir das erkennen, ist der Ursache-Wirkungs-Kreislauf durchbrochen. Wir können uns dann darauf konzentrieren, wie wir in dieser Situation anders reagieren können, um effektiver mit ihr umzugehen.

b) „Hellsehen"

Mosaiksteinchen aus der Abteilung Hellsehen sind sehr beliebt, weil sie sich einfach in jedes Weltbild einbauen lassen. Man könnte das Hellsehen auch als schlechte Gewohnheit bezeichnen, Schlussfolgerungen ohne echte Grundlage zu ziehen. Das Ergebnis sind dann Sätze wie: „Du kümmerst dich nie um meine Gefühle." „Du liebst mich nicht." „Du weißt doch, dass du mich damit verletzt!"

Der Sprecher macht also Aussagen darüber, was ein anderer Mensch denkt oder fühlt. Dabei bleibt allerdings im Dunkeln, wie er zu diesem Wissen gelangt ist – nämlich indem er eine Situation aus seinem eigenen Blickwinkel beurteilt und von seiner Reaktion auf die des anderen schließt. Der Sprecher hat also bereits im Voraus entschieden, wie ein anderer denkt oder fühlt.

Auf diese vermeintliche Tatsache reagiert er nun, ohne zu berücksichtigen, dass der andere womöglich anders denkt, fühlt und handelt.

Wenn nun Ihr Gesprächspartner behauptet: „Er weiß doch, wie unglücklich ich bin!", können Sie ihn einfach fragen: „Woher soll er wissen..." oder „Wie kann er wissen, dass du unglücklich bist?"
Durch Hellsehen kann ein Mensch systematisch vermeiden, seine eigenen Gedanken oder Gefühle auszudrücken – weil er ja behauptet, dass die anderen wissen (sollten), wie es ihm geht. Wenn Sie hier nachfragen: „Wie können die anderen das wissen? Hast du darüber gesprochen?", können Sie ihn darauf aufmerksam machen, dass seine Annahme nicht unbedingt der Realität entspricht.

Nach unserer Auffassung ist die Annahme falsch, dass jemand die Gedanken und Gefühle anderer hellsehen kann (und umgekehrt). Sie ist eine Quelle vieler zwischenmenschlicher Schwierigkeiten, Missverständnisse und Enttäuschungen.

Wenn Sie also bei sich selbst oder bei anderen auf Aussagen vom Typ Hellsehen stoßen, fragen Sie zuerst, wie dieses Wissen gewonnen wurde: „Woher weißt du, dass er dich nicht liebt?" Die Antworten werden Ihnen und Ihrem Partner wertvolle Informationen liefern – wenn sie auch vielleicht noch in Verallgemeinerungen verpackt sind („Er hört mir ja nie zu!"), im luftleeren Raum schweben („Er ist so unaufmerksam, einfach schrecklich!") oder gar im Gefrierschrank liegen („Diese ständigen Zurückweisungen..."). Aber solche Äußerungen können Ihnen inzwischen ja nichts mehr anhaben ...

c) *„Ewige Wahrheiten"*
Ewige Wahrheiten sind Urteile und Bewertungen, bei denen unklar bleibt, wer anhand welcher Kriterien das Urteil fällt. Man könnte sie auch als eine besondere Form der Auslassung betrachten, denn hier ging sozusagen der Beurteiler oder der Maßstab verloren. Dadurch erlangen solche Bewertungen ein Gewicht, das ihnen bei rechter Betrachtung gar nicht zukommt. Sie scheinen unumstößlich – allerdings nur für den ungeübten Zuhörer.

Manche dieser allgemeinen Urteile sind sehr leicht zu erkennen, andere schwieriger. „Das ist der einzig richtige Weg", „Ich sollte besser nach Hause gehen", „Kommunisten sind schlechte Menschen", „Alle Psychologen sind selbst verrückt" – abgesehen davon, dass sich bei einigen dieser Sätze wieder Verallgemeinerungen eingeschlichen haben, sind sie alle Beispiele von Urteilen im Sinne der ewigen Wahrheiten. Stichwörter, bei denen Ihr rotes Alarmlämpchen aufleuchten sollte, sind: *gut, schlecht, richtig, besser, krank, verrückt, wahr, falsch* usw.

Wenn Sie diese Aussagen auf dem Hintergrund der Bewertung einschätzen wollen, vor dem sie abgegeben werden, können Sie zum Beispiel fragen: „Wer sagt das?" Sie fragen so nach demjenigen, der diese Behauptung aufgestellt, das Urteil abgegeben hat. Oft sind Urteile dieser Art ja übernommen worden, ohne dass ihr Absolutheitsanspruch infrage gestellt wurde.

Wenn Sie dann noch bei Behauptungen wie „Psychologen sind selbst verrückt" fragen: „Woher weißt du, dass sie verrückt sind?" oder „Verrückt im Vergleich zu wem?", holen Sie diese Aussagen aus ihrer luftigen Höhe zurück auf den Boden der Tatsachen. Und dann wird ein fruchtbares Gespräch möglich.

Hilfe, Kreuzverhör!

Sie haben nun eine ganze Reihe von Möglichkeiten kennengelernt, wie Sie mit einfachen Fragen effektiv Informationen sammeln können. Diese Hilfen können Sie in jedem Gespräch anwenden, sei es zu Hause, am Arbeitsplatz oder bei anderen Diskussionen.

Sie können all das natürlich auch wieder benutzen, um sich unbeliebt zu machen, indem Sie Ihrem Partner das Gefühl vermitteln, in ein Kreuzverhör geraten zu sein.

Kreuzverhör

Dazu brauchen Sie ihm nur aufmerksam zuzuhören – Sie werden in vielen Sätzen Verallgemeinerungen, Auslassungen oder Umformungen finden. Nun müssen Sie sich lediglich auf jede Einzelne davon stürzen und die jeweiligen Fragen mit der passenden Oberlehrerstimme an Ihren Partner richten. Selbst der Geduldigste wird sich nach einem Dutzend solcher Fragen irritiert fühlen oder ärgerlich werden ... sofern er nicht ohnehin schon sehr schweigsam geworden ist.

Wenn Sie die Fragen dagegen nutzen wollen, um mehr über Ihren Partner und sein Weltbild zu erfahren, damit Sie sich besser auf ihn einstellen können, hier einige Tipps:

1. Bevor Sie anfangen zu fragen, achten Sie darauf, ob Sie einen guten Draht zu Ihrem Partner haben. In den ersten beiden Kapiteln haben wir ausführlich beschrieben, wie Sie diesen Draht finden können. Deshalb hier nur noch einige Erinnerungshilfen. Achten Sie auf:
   - Körperhaltung
   - Gesten
   - Sprechrhythmus
   - Tonlage
   - Lieblingskanal
   - ...

   Wenn Sie diesen guten Kontakt zu Ihrem Partner haben, ist die Gesprächsbasis geschaffen.
2. „Der Ton macht die Musik."
3. Stellen Sie kein Kreuzverhör an, sondern fragen Sie respektvoll und mit angemessener, einfühlsamer Stimme. Zeigen Sie Interesse. Sie wollen schließlich

mehr über Ihren Partner und seine Gedanken und Gefühle erfahren, und dazu brauchen Sie sein Vertrauen. Es geht nicht darum, Ihren Partner übers Ohr zu hauen oder ihm seine Unwissenheit zu demonstrieren – Sie wollen gemeinsam mit ihm etwas über ihn und sein Weltbild herausfinden.

4. Stellen Sie Ihre Fragen zum richtigen Zeitpunkt. Achten Sie darauf, wo Ihr Partner mit seiner Aufmerksamkeit ist. Wenn er gerade nach innen hört, wird Ihre Frage ihn unterbrechen und irritieren. Hetzen Sie ihn (und sich) nicht, sondern warten Sie, bis er bereit ist, auf Ihre Fragen einzugehen. Vielleicht ist es notwendig, den ersten Wortschwall erst einmal anzuhören, bevor Sie dazwischenfragen.

Denken Sie daran: *Eine* gut platzierte Frage ist mehr wert als zehn andere, auf die Ihr Partner nicht reagiert.

5. Stellen Sie Ihre Fragen nicht sachlich wie ein Polizist oder Oberlehrer. Verwenden Sie Einleitungen wie „Ich frage mich, ob...", „Mich würde interessieren...", „Kannst du mir sagen ...".

Manchmal ist es auch sinnvoll, erst zu wiederholen, was Ihr Partner gesagt hat – vielleicht mit Ihren eigenen Worten –, damit er das Gefühl bekommt, gehört und verstanden worden zu sein. „Du meinst also, dass er dich nicht leiden kann. Mich würde interessieren, woraus du das schließt."

6. Entscheiden Sie, *wo* Sie nachfragen wollen. Es ist nicht nötig, alle Verallgemeinerungen zu knacken. Welche Informationen sind Ihnen wirklich wichtig?

Oft kann man auf einen Satz mit mehreren Fragen reagieren. Entscheiden Sie sich für eine davon, je nachdem, was Ihnen wichtiger erscheint.

Ein Beispiel:
„Ich weiß nicht, wie ich einen guten Eindruck auf die Leute machen soll."
Sie können daraufhin fragen:
„Auf *welche Leute* wollen Sie einen guten Eindruck machen?"
„Was genau heißt ‚einen *guten* Eindruck machen'?"

7. Nehmen Sie das Ganze nicht als schwierige Lebensaufgabe, sondern gehen Sie locker und spielerisch daran. Schließlich geht es nicht darum, Ihre Mitmenschen zu perfekten Informationslieferanten zu machen, sondern leichter mit ihnen ins Gespräch zu kommen und sich besser zu verstehen. Gönnen Sie sich und den anderen diesen Spaß.

4. Kapitel

Botschaften der Gefühle oder: Was Gefühle uns sagen können

Gefühlen nachspüren

„Wie geht es Ihnen?", „Wie fühlen Sie sich?" – Auf diese Fragen antworten viele von uns gewohnheitsmäßig mit gut, ohne auch nur einen Augenblick darüber nachzudenken, wie es ihnen wirklich geht. Die Frage nach dem Befinden wird zum Höflichkeitsritual. Wer weiß denn schon, ob sich der andere eigentlich dafür interessiert, wie es mir in Wirklichkeit geht? Wir interessieren uns dafür – und deshalb geht es in diesem Kapitel um Gefühle und ...

- woher sie kommen,
- was sie uns sagen können,
- wie sie auf unser Verhalten wirken,
- wie wir sie aufspüren und
- wie wir sie als Kraftquelle nutzen können.

Gehen wir einmal davon aus, dass sich Ihr Gesprächspartner wirklich dafür interessiert, wie es Ihnen geht (und die Frage nicht nur aus Höflichkeit stellt). Wie oft sagen Sie in solchen Situationen nur „Danke, gut" oder „Ich fühle mich ziemlich schlecht"? Sehen wir für den Moment einmal von dem qualitativen Unterschied ab, den es macht, ob Sie sich gut oder schlecht fühlen. Beide Aussagen haben etwas sehr Wesentliches gemeinsam: Beide sind eine Bewertung, ein Urteil darüber, wie es Ihnen geht.

Ihr Gesprächspartner erfährt also nichts darüber, wie Sie sich *wirklich* fühlen – ob müde, erfrischt, aufgeregt, gereizt, nervös, gelassen, zuversichtlich ... es gibt ja unzählige Möglichkeiten. Sie teilen ihm nur das Endprodukt eines Bewertungsprozesses mit. Dabei bleibt aber im Dunkeln, welchen Bewertungsmaßstab Sie anlegen und nach welchen Kriterien Sie etwas als gut oder schlecht beurteilen.

Mit Ihrer Antwort „gut/schlecht" geben Sie gewissermaßen den Startschuss für ein Ratespiel. Ihr Partner muss, um Sie überhaupt verstehen zu können, Ihre Worte mit seiner Bedeutung füllen. Das bedeutet, er geht von seinen eigenen Kriterien und Bewertungsmaßstäben aus, von dem, was für *ihn* gut oder schlecht heißt, und nun kann er anfangen zu raten, ob diese auf Sie zutreffen.

Wenn er allerdings merkt, auf welch unsichere Geschichte er sich da einlässt, kann er sich recht einfach aus der Patsche helfen, indem er nachfragt: „Wie meinst du das?" oder „Was heißt für dich gut?" So bekommt er genauere Informationen. Und nicht nur er bekommt sie – wenn Sie seine Frage beantworten, erhalten Sie auch gleichzeitig Informationen über sich selbst. Vielleicht haben Sie zuvor selbst nicht so genau gespürt, wie es Ihnen eigentlich geht, und können sich nun darauf konzentrieren und Ihrem Gefühl nachspüren.

Dieses Nachspüren kann Ihnen wertvolle Hinweise liefern, wie Sie mit Ihren Gefühlen besser umgehen können und was Sie in einem ganz bestimmten Augenblick brauchen. Wenn Sie zum Beispiel merken, dass „Mir geht's schlecht" in einer bestimmten Situation bedeutet, dass Sie sich gelangweilt fühlen, ist der Ausweg aus der Misere schon wesentlich klarer: Sie können sich nun darauf konzentrieren, wie Sie die Situation interessanter gestalten.

Oder Sie finden heraus, dass schlecht in einer anderen Situation unsicher bedeutet: Nun können Sie versuchen, sich Unterstützung zu holen, um sicherer zu werden, und so angemessen auf Ihr Gefühl reagieren. Beide Auswege wären Ihnen aber nicht von vornherein zugänglich gewesen, hätten Sie sich mit dem anfänglichen „Mir geht's schlecht" zufrieden gegeben. Inzwischen ist Ihnen sicher schon aufgefallen: Für dieses Nachfragen brauchen Sie nicht unbedingt einen Partner! Wir benutzen das Gesprächsbeispiel in diesem Zusammenhang, weil es anschaulicher ist. Sie können Ihre Nachforschungen aber auch durchaus allein betreiben, wenn Sie sich selbst nicht mit oberflächlichen Aussagen wie „Mir geht's gut" zufrieden geben wollen. Solche Privatgespräche – „Was heißt eigentlich gut?", „Wie könnte ich dieses Gefühl anders in Worte fassen?" ... – bedeuten meist schon den ersten Schritt zur Klärung.

Bis hierher haben wir also festgestellt, dass Urteile über unsere Gefühle (gut/schlecht) *nicht* dasselbe sind wie diese Gefühle selbst (Angst, Freude, Ärger, Glück ...).

Gefühl und Verhalten

Eine zweite Unterscheidung ist bei Gefühlen ebenfalls wichtig: Unsere Gefühle sind *nicht* identisch mit dem konkreten Verhalten, das sie antreiben. Ein Beispiel dafür ist ein quengeliges Kind, das mit allen Mitteln versucht, die Aufmerksamkeit seiner Eltern auf sich zu lenken – teilweise durch Aktionen, von denen es genau weiß, dass sie den Zorn der Eltern herausfordern. Dieses Kind fühlt sich aber wahrscheinlich weniger quengelig, sondern vielmehr allein oder ausgeschlossen. Dieses Gefühl des Alleingelassenseins beinhaltet den Wunsch nach Zuwendung und Kontakt und führt dann zu Quengeleien. Das Kind will auf irgendeine Weise Kontakt finden – und wenn es im Streit ist. Das Gefühl des Alleinseins lässt sich also deutlich abgrenzen von dem daraus folgenden Verhalten Quengeln.

Erinnern Sie sich noch einmal an unser Modell aus dem ersten Kapitel. Dort hatten wir unterschieden zwischen *Gefühl* und *Handeln, Bewegen, Sprechen, Denken* und der allgemeinen *Reaktion*. Diese Funktionen beeinflussen sich zwar gegenseitig, sie laufen ganzheitlich ab, dennoch sind sie verschieden voneinander. Die Trennung von *Gefühl* und *Verhalten* beispielsweise gewinnt entscheidende Bedeutung, wenn Sie eines von beiden verändern wollen.

Um ein Gefühl zu verändern, ist die Verhaltensänderung oft der erste Schritt. Die Übung zur Körperhaltung im zweiten Kapitel zeigt Ihnen das sehr deutlich. Nehmen wir an, Sie fühlen sich mutlos und niedergeschlagen. Wahrscheinlich sitzen Sie dabei mit hängenden Schultern, vorgebeugt und in sich zusammengesunken. Ändern Sie nun Ihr Verhalten, stellen Sie sich aufrecht hin, mit beiden Füßen fest auf dem Boden, schauen Sie sich um und atmen Sie mehrmals tief durch. Nach sehr kurzer Zeit wird sich Ihre Stimmung geändert haben – vor allem, wenn Sie nun noch flotte Musik auflegen, sich bewegen und tanzen!

Andererseits gilt auch: Um Verhalten ändern zu können, müssen sich oft erst die Gefühle ändern. Ein

Beispiel dazu könnte eine konfliktreiche Beziehung zu einem Freund sein. Wenn es gerade mal wieder gekracht hat zwischen Ihnen und Sie ihm mit dem entsprechend feindseligen, gereizten Gefühl begegnen, wird sich das in Ihrem Verhalten widerspiegeln und dafür sorgen, dass die Beziehung von Ihrer Seite aus gespannt bleibt. Wenn Ihr Freund mit einer ähnlichen Stimmung kommt, gilt das umgekehrt natürlich auch für ihn.

Wenn Sie aber vor der nächsten Begegnung Ihre Gefühle ihm gegenüber geklärt haben, werden Sie sich danach ganz sicher auch anders verhalten.

„Gefühle klären" kann für jeden etwas anderes bedeuten, weil dabei jeder seinen eigenen, persönlichen Weg verfolgt. Eine Möglichkeit ist, erst einmal die positiven und negativen Gefühlsanteile auseinander zu dividieren: Was mag ich an ihm/ ihr? Was stört mich? Was haben wir gemeinsam schon Schönes erlebt? Worüber habe ich mich geärgert? usw. Schon diese einfache Trennung des Gefühlssalats kann Sie einen großen Schritt weiterbringen. Vielleicht hatten Sie zuvor die positiven Seiten Ihrer Beziehung in den Hintergrund gedrängt und momentan vergessen? Auf jeden Fall ist es konstruktiver, beide Seiten der Medaille zu betrachten, statt nur in Ärger und Groll stecken zu bleiben.

Der nächste Schritt könnte dann die Überlegung sein: Was wollen wir voneinander? Was sind meine Interessen, was seine/ihre? Welche (positive) Absicht hat jeder von uns?

Wenn Sie in dieser Phase feststellen, dass Sie eigentlich nichts voneinander wollen, hat sich das Problem schon merklich entschärft. Die Beziehung ist nicht lebenswichtig für Sie, und allein deshalb können Sie dem anderen gelassener begegnen (nach dem Motto: „Ich muss ja nicht").

Vielleicht entdecken Sie aber auch, dass Ihnen viel aneinander liegt, dass Ihre Beziehung sehr wichtig ist und dass jeder im Grunde eine gute Absicht verfolgt – nur die Art und Weise, *wie* jeder das tut, führt immer wieder zum Konflikt.

Dann bietet sich eine andere Frage an: Wie kann ich meine gute Absicht *anders* verwirklichen, sodass ich unsere Beziehung damit unterstütze? Dazu ist es natürlich notwendig, dass Sie sich erst einmal über Ihre Absichten genau klar werden und sich auch nicht unbedingt mit der ersten Idee zufrieden geben. Fragen Sie nach, schauen Sie hinter die Absicht – und vielleicht sind Sie überrascht, wie viele Schritte Sie nach hinten gehen können, bis Sie zu Ihrer eigentlichen Absicht kommen.

Im fünften Kapitel beschäftigen wir uns unter dem Stichwort „Umdeuten" noch ausführlich damit, wie man neue Wege finden kann, die die ursprüngliche gute Absicht sichern und gleichzeitig für alle Beteiligten sinnvoll und hilfreich sind. Ganz wichtig ist auch, dass die gute Absicht gewürdigt wird – es geht ja nicht darum, sie in der Versenkung verschwinden zu lassen!

Doch wir wollen hier nicht zu weit vorgreifen, denn an dieser Stelle ging es erst einmal darum, zu verdeutlichen, dass *Gefühl* und *Verhalten* nicht dasselbe sind. Sie lassen sich deutlich voneinander abgrenzen und beeinflussen sich dennoch gegenseitig. Eine Änderung beim einen verändert auch das andere.

Wie gehe ich mit Gefühlen um?

Manche Menschen leben in ständiger Furcht vor Gefühlen großer Intensität. Diese Gefühle sind Bomben für sie – deshalb gehen sie auf Zehenspitzen durchs Leben und achten sorgfältig darauf, keine dieser Bomben zu zünden. Sie vermeiden Situationen, in denen starke Gefühle auftauchen könnten. Um sich Verletzungen und Zurückweisungen zu ersparen, halten sie andere auf Distanz und lassen keinen wirklich an sich herankommen. Um sich Misserfolg und Minderwertigkeitsgefühle zu ersparen, lassen sie erst gar keinen Ehrgeiz aufkommen.

Diese Menschen vermeiden große Bereiche ihres Lebens. Sie schneiden sich von ihrer eigenen inneren Lebendigkeit ab, indem sie alle stärkeren Gefühle unterdrücken oder umgehen.

Andere Menschen verhalten sich fast wie Sklaven ihrer Gefühle. Sie werden häufig von starken Emotionen wie von einer Sturzflut überwältigt und weggeschwemmt. Sie fühlen sich wie ausgeliefert an etwas, das sie nicht kontrollieren können.

Wieder andere haben es sich bequem eingerichtet, indem sie sich auf eine geringe Anzahl vertrauter Gefühle beschränken: ihre guten oder schlechten „Lieblingsgefühle"*. Der Preis, den sie für diese Bequemlichkeit zahlen, ist allerdings ein emotional drastisch reduziertes Leben.

Und dann gibt es noch die, die sich zum Sklaven der Gefühle *anderer* Leute machen. Kennen Sie die Ehe-

---

* Wie man mit solchen „Lieblings-schlechten-Gefühlen" umgehen kann und sie sich nützlich macht, wird uns in einer Übung im fünften Kapitel noch ausführlich beschäftigen.

frauen, die nur glücklich sein können, wenn es ihrem Mann gut geht (was immer sie darunter verstehen)? Die kurze Aufzählung zeigt, dass es sehr verschiedene Möglichkeiten gibt, mit seinen Gefühlen umzugehen. Je nach Anlass gibt es natürlich auch Mischformen dieser beschriebenen Kategorien oder noch ganz andere Formen.

Dazu ein kleiner Test:

Nehmen Sie sich einmal kurz Zeit und versuchen Sie, Ihre Strategie herauszufinden, wie Sie in der Regel mit Ihren Gefühlen umgehen. Dabei kann es hilfreich sein, wenn Sie sich nacheinander eine ganze Reihe möglichst verschiedener Situationen vorstellen (mindestens fünf). Erinnern Sie sich zunächst an eine beliebige Situation und vergegenwärtigen Sie sich auch die Einzelheiten – so als würden Sie alles noch einmal erleben.
Wenn Sie alles wieder ganz deutlich gesehen, gehört und gespürt haben, dann beantworten Sie für sich folgende Fragen:

- Wer ist an der Situation beteiligt und in welchem Maße? Wer ist aktiv und gestaltet die Situation mit, wer ist eher passiv?
- Wer hat welche Gefühle? (Versetzen Sie sich dazu nacheinander in die Lage jedes Einzelnen.)
- Was fühlen Sie selbst? In welchem Zusammenhang mit den anderen steht Ihr Gefühl? Wie gehört Ihr Gefühl zur Situation?

Sie können jetzt gleich etwas Neues ausprobieren: Stellen Sie sich vor, Sie hätten in genau dieser Situation ein ganz anderes Gefühl. Statt ärgerlich wären Sie zum Beispiel neugierig, statt misstrauisch wären Sie gelassen, statt ängstlich selbstsicher ... Bestimmt fallen Ihnen noch mehr neue Gefühle ein.
Was würde sich dadurch an der ursprünglichen Situation ändern?

Botschaften der Gefühle

Manche Leute fragen sich (oder den Psychologen): „Warum habe ich dieses Gefühl? Was soll das?" Und vielleicht haben auch Sie sich schon öfter gewundert, was es mit diesem oder jenem Gefühl eigentlich auf sich hat.

Hinter diesen Fragen verbirgt sich das mehr oder weniger bewusste Wissen, dass unsere Gefühle uns etwas vermitteln können. Im folgenden Abschnitt geht es darum, was dieses „Etwas" ist.

Ihre Gefühle können für Sie zur Quelle persönlicher Kraft und Veränderung werden. Indem Sie lernen, die Sprache der Gefühle zu verstehen und zu entschlüsseln, können Sie die Energie nutzen, die in jedem Gefühl steckt, um Ihre Lebensziele schneller zu erreichen.

Unsere Gefühle sind also eine sehr sinnvolle Einrichtung:
Sie machen uns auf bestimmte Situationen aufmerksam und darauf, wie wir in diesen Situationen handeln sollten, um unsere eigenen Ziele zu erreichen. Manchmal sind diese Botschaften angenehm, und wir genie-

ßen ein Gefühl der Zufriedenheit, Gelassenheit, des Glücklichseins. Manchmal sind es aber auch schmerzhafte, unangenehme Alarmglocken, die da schrillen: Schuldgefühle, Angst, Trauer, Zorn ... Auch diese unangenehmen Botschaften sind wertvolle Signale, die Ihnen Wege zeigen können, wie Sie Ihre momentane Situation angenehmer und zufrieden stellender gestalten können.

In jedem Gefühl stecken Informationen über Ihre Bedürfnisse – was Sie im Moment brauchen, um zufriedener und glücklicher zu sein. Der erste Schritt wird also sein, auf diese wertvollen Botschaften zu achten und zu lernen, die Botschaften zu entschlüsseln. Danach können Sie angemessen darauf reagieren und die Informationen nutzen.

Dazu einige konkrete Beispiele:

- Ein Gefühl der *Angst* kann Sie darauf aufmerksam machen, dass es in Ihrer Zukunft etwas gibt, worauf Sie sich besser vorbereiten müssten. Vielleicht sind Sie ängstlich, weil Sie vor einer Gruppe sprechen sollen oder weil eine Unterredung mit Ihrem Chef ansteht.
Die Angst zeigt Ihnen zwei Möglichkeiten: Entweder Sie vermeiden diese Situation, oder Sie bereiten sich angemessen darauf vor. Die Vermeidung mag im Moment vielleicht einfacher sein, sie verhindert aber jede Lernmöglichkeit. Das Ergebnis ist eine zunehmende Einengung des eigenen Lebensraums und Ihrer Wahlmöglichkeiten. Wenn Sie sich aber auf das vorbereiten, was Angst macht, fördern Sie Ihr persönliches Wachstum und bereichern Ihre

Erfahrungswelt. Man könnte es auch so ausdrücken: „Tu das, wovor du am meisten Angst hast – dann weißt du, dass du es kannst, und brauchst es nicht mehr zu fürchten."
- Wenn jemand Ihre Intimsphäre verletzt oder bedroht, Ihnen zu nahe tritt oder Sie beleidigt, reagieren Sie ärgerlich. Die *Wut* zeigt Ihnen, dass Sie sich in irgendeiner Weise besser schützen müssen. Vielleicht grenzen Sie sich zukünftig deutlicher ab, oder Sie sprechen ein offenes Wort mit dem anderen – in jedem Fall hilft Ihnen das Gefühl des Zorns, die Bedrohung oder Verletzung zu erkennen. Dann können Sie etwas unternehmen, um dies in Zukunft zu verhindern. Manchmal genügt es schon, dem anderen einfach zu sagen, dass er Ihnen weh getan hat. Das Wissen darüber gibt ihm die Chance, sich darauf einzustellen und sein Verhalten zu ändern.

Sobald Sie auf die Botschaft achten, wird *jedes* Gefühl plötzlich wertvoll – und wenn Sie es vorher noch so unangenehm empfunden haben. Oft spüren wir unsere Gefühle zwar und drücken sie vielleicht auch aus, aber wir antworten nicht darauf. Wir reagieren nicht, sondern bleiben tatenlos im „Sumpf unserer Gefühle" stecken. Wenn wir aber die Botschaften der Gefühle entschlüsseln, zeigen sie uns Wege, wie wir angemessen reagieren können.

Für manche Menschen wird es anfangs ungewohnt sein, sich einmal nur auf sich selbst und das eigene Seelenleben zu konzentrieren. Sie sind mehr daran gewöhnt, zu handeln, auf andere zu achten und zu reagieren. Das kann auf die Dauer aber zu einem gefährlichen Ungleichgewicht führen: Wenn sich jemand hauptsächlich nach außen orientiert und seine eigenen Impulse, Gefühle und Prozesse vernachlässigt. Stellen Sie sich zum Beispiel einen erfolgreichen Geschäftsmann oder Manager vor. Er ist im Stress, steht unter Zeitdruck und für den Vorschlag, sich einmal Ruhe zu gönnen und richtig auszuspannen, hat er nur ein müdes Lächeln übrig. „Dafür ist doch keine Zeit, in der Firma müssen Termine eingehalten werden ...!" Er hat zwar hin und wieder einmal Kopfschmerzen, in letzter Zeit sogar ziemlich häufig – aber mit einer Tablette sind sie in kurzer Zeit wieder weg. Und außerdem, wo kämen wir denn da hin, wenn man wegen solcher Lappalien zum Arzt gehen würde ...

Er bewältigt also sein Pensum weiter, arbeitet viel und gönnt sich wenig Ruhe. Auch die Freizeit wird mit sinnvollen Aktivitäten verplant, man kann ja nicht einfach nur so rumsitzen! So kommt eines zum anderen, zu den Kopfschmerzen melden sich schmerzhafte Verspannungen, dann kommt noch Bluthochdruck dazu – und schließlich ein Herzinfarkt.

Ist diese Darstellung übertrieben? Wir haben den Fall sicher überspitzt beschrieben, um die Grundtendenz zu verdeutlichen. Es muss auch nicht jedes Mal mit einem Herzinfarkt enden. Sogar für viele stressgeplagte Manager ist Entspannung kein Fremdwort mehr.

Körperliche Signale werden auch oft in der Alltagssprache – mehr oder weniger bewusst – zur Kennzeichnung von Gefühlszuständen und emotionalen Verarbeitungen verwendet. Wer immer „alles in sich hineinfrisst", der wird zunehmend „sauer", das heißt, er wird darauf mit einer zunehmenden Produktion von Magensäure reagieren. Eine häufige Folge dieses ungesunden Versuchs, unliebsame Ereignisse zu verdauen, ist das Magengeschwür.

Sie kennen diese Verknüpfung bereits aus dem Anfangskapitel. Hier interessiert uns, ob und wie die Botschaft der Gefühle rechtzeitig erkannt und beantwortet werden kann. Wer seine Gefühlsreaktionen beobachtet und in der Lage ist, bewusst zu spüren, dass er ärgerlich wird, der hat es in der Hand, den Impuls, zu dem ihn dieser Ärger anregt, zu erkennen und seinen Ärger auf angemessene Art und Weise auszudrücken und gegebenenfalls sogar an den rechten Mann zu bringen.

Für manche Menschen ist es gar nicht so einfach, mit ihren spontanen Gefühlen in Kontakt zu kommen und zu bleiben. Zu stark sind sie vom Imperativ der Vernunft, der Notwendigkeit, den Sachzwängen oder von anderen inneren oder äußeren Umständen eingeschränkt. Zu häufig werden eigene Wünsche gegenüber „nicht dürfen" und „müssen" zurückgestellt. Zu oft werden diese Bedürfnisse von unserer Umwelt und zuletzt auch von uns selbst nicht ernst genommen. Um unsere Gefühle wieder besser zu spüren, hilft es uns, wenn wir uns selbst besser erleben können. Je ausgeglichener wir sind, desto bewusster und offener können wir unsere Gefühle und Stimmungen akzeptieren.

Wenn Sie in Kontakt mit sich und Ihren Gefühlen sind, gelangen Sie in Ihre Mitte. Ihre Gefühle leiten Sie zu Ihren Bedürfnissen, zu dem, was jetzt für Sie wichtig ist.

Dies ist gleichzeitig eine Kraftquelle für Sie: Sie können von dieser Basis aus schnell und sicher auf andere reagieren. Sie sind im Gleichgewicht zwischen Innen und Außen, zwischen Ich und Du. Dieses Gleichgewicht ist nicht starr und fest, sondern ein fließender Prozess, der sich in jedem Augenblick wandelt. In jedem Moment stehen Sie aufs Neue vor der Wahl, wohin Sie Ihre Aufmerksamkeit richten und wie Sie dieses dynamische Gleichgewicht herstellen.

Diese Gedanken wenden wir nun auf unseren konkreten Alltag an. Wir wollen Ihnen zwei Übungen vorschlagen, wie Sie spielerisch in Kontakt mit Ihren Gefühlen kommen können:

Übungen: Kreatives Gestalten

a) Nehmen Sie sich etwa eine Stunde Zeit. Für diese Übung brauchen Sie Farben: zum Beispiel Wachsmalkreiden, Ölkreiden, Wasserfarben, Plakatfarbe, Buntstifte ...

Legen Sie ein großes Stück Papier vor sich hin und schließen Sie nun Ihre Augen. Hören Sie in sich hinein, spüren Sie, was in Ihnen vorgeht, und schauen Sie die Bilder an, die vor Ihrem inneren Auge auftauchen. (Atmen Sie dabei recht tief und langsam aus, entspannen Sie sich: So erleichtern Sie sich den inneren Zugang.) Bringen Sie nun alle Ihre Wahrnehmungen auf das Papier. Drücken Sie mit Formen und Farben aus, wie Sie sich fühlen, was Sie sehen, hören und spüren. Lassen Sie sich dabei Zeit, mit leiser Musik im Hintergrund geht es vielleicht noch besser.

b) Nehmen Sie sich ein großes Blatt Papier und Zeichenkohle oder einen Wachsmalstift. Stimmen Sie sich wieder ein wie bei a) beschrieben, spüren Sie in sich hinein. Lassen Sie Ihre Augen zu und beginnen Sie mit geschlossenen Augen Ihre Hand zu spüren, die den Stift hält. Wenn Bewegung in die Hand kommt, beginnen Sie auf dem Papier zu malen. Ihre Augen sind geschlossen – lassen Sie Ihre Hand „entscheiden", wo es hingeht, welches Bild entstehen wird. Genießen Sie einfach die Bewegungen, die Geräusche des Stiftes auf dem Papier, den intensiven Kontakt, den Sie zu sich selbst haben ... Lassen Sie sich überraschen von dem, was da entsteht. Öffnen Sie die Augen erst dann, wenn Ihre Hand allmählich zur Ruhe kommt und Sie das Gefühl haben, Ihr Bild sei fertig. Vielleicht wollen Sie Ihrem Bild nun einen Titel oder einen Namen geben?
Ein Hinweis: Legen Sie eine abwaschbare Unterlage unter Ihr Blatt, damit Sie ruhig mal über den Rand hinausschießen können.

Übung: STOPP!

Diese Übung ist umso wirksamer, je öfter Sie sie in Ihren Alltag einbauen. Sie dauert jeweils nur etwa 15 Sekunden und ist recht „unauffällig". Sie sollten sie jeden Tag mindestens fünf- bis zehnmal machen.

> Was Sie tun sollen? Stellen Sie sich vor, man hält einen Film plötzlich an und es wird ein bewegungsloses Standbild daraus. Genau das tun Sie selbst: Sie rufen (laut oder leise) STOPP! und bleiben dann genau bei der Bewegung stehen, wo Sie gerade sind. Wenn Sie auf einem Bein stehen, bleiben Sie so, wenn Sie sich gerade an der Nase gekratzt haben, lassen Sie die Hand dort usw.
> Entscheidend ist die äußere Bewegungslosigkeit. In diesen Sekunden versuchen Sie jetzt ganz genau wahrzunehmen, was in Ihnen vorgeht, was Sie sehen, hören, fühlen, riechen ...
> Vielleicht bemerken Sie, dass der rechte Fuß kitzelt oder Ihre Nase juckt oder dass Sie sich aufgeregt/ müde/abgehetzt/erfrischt ... fühlen.
> Je öfter Sie diese Momentaufnahme von sich selbst machen, desto einfacher und bereichernder wird sie. Sie werden sich vielleicht wundern, was Sie alles wahrnehmen können!

Woher kommen Gefühle?

Kennen Sie das auch aus eigener Erfahrung? Sie hören die Klänge eines Sirtaki, und schon versetzt Ihre Erinnerung Sie in eine andere Welt ... zurück nach Griechenland, zum letzten Urlaub. Ihre Stimmung ändert sich von einem Moment auf den anderen; Bilder des griechischen Restaurants am Meer in der Abendsonne tauchen vor Ihrem geistigen Auge auf, zu den Sirtaki-Klängen hören Sie griechische Stimmen ...

Oder: Sie hören einige Oldies im Radio und bei einem Lied durchzuckt Sie plötzlich die Erkenntnis:

Genau auf dieses Lied hatten Sie damals mit Ihrer ersten Liebe getanzt und sich dabei bis über beide Ohren verliebt.
Plötzlich sehen Sie IHN (bzw. SIE) ganz deutlich vor sich, spüren Ihre Aufregung wieder, das Herzflattern und die weichen Knie ... und Sie fühlen sich gerade wieder so wie mit siebzehn.
Oder: Im Menschengewühl der Fußgängerzone zieht auf einmal der Duft eines ganz bestimmten Parfums/ Rasierwassers an Ihnen vorbei und erinnert Sie augenblicklich an eine frühere romantische Beziehung. Wieder ändert sich Ihre Stimmung ganz plötzlich, während Sie so zurückversetzt werden in jene Zeit.
Es ließen sich noch tausend Beispiele für dieses Phänomen der „anderen Welt" finden. Die Auslöser solcher plötzlichen Zeitreisen können sehr vielfältig sein:

- ein Bild, Foto, eine Landschaft,
- eine Melodie, eine gewisse Stimme oder Tonlage, ein Akzent,
- ein Geruch (erinnern Sie sich noch daran, wie es im Kindergarten immer roch?),
- der Geschmack einer Speise, eines Getränks,
- ein bestimmtes Körpergefühl, zum Beispiel der Wind, der Ihnen durchs Haar fährt, die sprühende Gischt am Strand ...

Solche kleinen Reize können ganze Zeitreisen auslösen. Sie sind buchstäblich in einer anderen Welt. Oft verändert sich dabei Ihr ganzes Erleben:

- Ihre Gefühle,
- Ihre Haltung,
- Ihre Wahrnehmung,
- Ihr Denken,
- vielleicht sogar Ihre Sprache.

Im ersten Kapitel haben wir uns ausführlich damit beschäftigt, dass der menschliche Organismus als ein Ganzes lebt, funktioniert und reagiert. Diese Ganzheitlichkeit kann uns auf der Suche nach einer Erklärung für die plötzlichen Zeitreisen gut weiterhelfen.

Ganzheitliche Reaktionen unseres Organismus (zum Beispiel Denken, Erleben, Bewegen, Sprechen) können von sehr kleinen, isolierten Reizen ausgelöst werden. Ein banales Beispiel, das dennoch lebenswichtig ist: Immer wenn wir eine rote Ampel sehen, läuft eine innerliche STOPP-Reaktion ab. Wir treten auf die Bremse oder bleiben stehen – oft sogar schon bevor der Reiz bis in unser Bewusstsein gedrungen ist, – und wir denken: „Die Ampel ist rot."

Die Verbindungen zwischen Reiz und Reaktion sind unterschiedlich stark und beständig. Manche Verknüpfungen sind recht lose und ändern sich leicht. Andere dagegen sind so fest verankert, dass die gleiche Reaktion praktisch immer auf den Reiz folgt. Wenn es sich um eine so feste Verknüpfung handelt, sprechen wir von einem Anker. Ein Anker ist also ein Reiz, der bei einer Person eine ganz bestimmte Reaktion auslöst. Psychologen bezeichnen das als Reiz-Reaktions-Verknüpfung.

Diese Anker sind etwas völlig Natürliches. Sie entsprechen sozusagen den „Knotenpunkten" unseres

Gedächtnisses (vielleicht ist an dem Vergleich vom Knoten im Taschentuch ja mehr dran, als wir denken!). In vielen Situationen helfen sie uns auch, schnell und zweckmäßig zu handeln. Wir müssen nicht erst lange nach der passenden Reaktion suchen, sondern reagieren wie im Schlaf bzw. unbewusst – wie zum Beispiel bei der roten Ampel. Die Anker-Reize müssen nicht einmal notwendigerweise bewusst sein, um die Reaktion auszulösen. Denken Sie nur an das Parfumbeispiel. In diesem Fall ist der Reiz kaum oder gar nicht bewusst und kann doch tiefgreifende emotionale Reaktionen auslösen.

Wir könnten sogar eine „Bewusstheitshierarchie" der Anker-Reize aufstellen.

1. Unbewusste Reize
In diese Kategorie fallen die meisten Geruchs- oder Geschmacks-Anker. Wie bereits erwähnt, sind uns die Informationen dieser Kanäle in der Regel wesentlich weniger bewusst – was nicht heißt, dass sie weniger wirksam sind!

Auch visuelle Reize können unbewusst sein, zum Beispiel Farben oder ein bestimmtes Gesicht in einer Menschenmenge. Sie nehmen bewusst nichts Besonderes wahr, dennoch ändert sich Ihre Stimmung. Gerade bei Farben ist dieser Effekt oft sehr ausgeprägt (darauf hat sich übrigens auch die Farbtherapie spezialisiert).

2. „Ungefähr" bewusste Reize
Diese Anker finden wir oft bei neuen Bekanntschaften. „Irgendwas an ihm gefällt mir nicht ...", und Sie grübeln und grübeln, was das wohl sein könnte. „Es

liegt mir auf der Zunge, aber ich komme nicht darauf"
– bis Sie dann plötzlich erkennen, dass dieser Bekannte ähnlich die Nase rümpft oder ähnlich gestikuliert etc. wie Ihr Expartner – und schon bei dem konnten Sie das auf den Tod nicht ausstehen!

3. Bewusste Reize
Beispiele hierzu sind etwa der Katalog des Reisebüros oder ein Urlaubsfoto, das Sie an den Ort Ihres letzten Urlaubs zurückversetzt. Oder (auch unbeliebte Anker gibt es!) die Zahnpastatube, die *er* wieder mal nicht zugeschraubt hat! Oder der Anblick und das Geräusch des Bohrers beim Zahnarzt.

Die meisten Anker fallen jedoch in die erste oder zweite Kategorie. Anders gesagt: Es gibt kaum Reize, die ausschließlich bewusste Anteile haben. Fast alle werden neben ihrem bewussten Inhalt noch ungefähr bewusste oder unbewusste Teile haben. Diese sind oft wirksamer als die bewussten – vor allem, wenn es um emotionale Reaktionen geht. Und Gefühlsreaktionen sind ja das Thema dieses Kapitels.

Anker als Helfer

Eine ganz alltägliche Art, Anker zu verwenden, haben Sie wahrscheinlich selbst schon öfter angewendet, auch ohne den Begriff Anker zu kennen.

Angenommen, Ihnen ist eben etwas Wichtiges eingefallen, das Sie sofort erledigen wollen. Auf dem Weg ins nächste Zimmer springt Ihnen aber die unbezahlte Handwerkerrechnung ins Auge, und Sie nehmen sie mit, um auch das gleich zu erledigen. Im nächsten

Zimmer haben Sie zwar nun die Rechnung in der Hand – aber was Sie eigentlich hier Dringendes wollten, ist Ihnen völlig entfallen. Sie können sich beim besten Willen nicht mehr daran erinnern, was es nun eigentlich war.

Manche Leute lassen dann das Ganze auf sich beruhen, nach dem Motto: „Wenn es wichtig war, wird es mir schon wieder einfallen." Andere beten zum Heiligen Antonius.

Es gibt aber eine einfache Erinnerungshilfe, die in den meisten Fällen funktioniert:

Gehen Sie zurück an den Ort, wo Ihnen ursprünglich eingefallen war, was Sie erledigen wollten. Schauen Sie sich einfach mal im Zimmer um, lassen Sie Ihren Blick über alle Möbel und Gegenstände schweifen – und noch während Sie schauen, fällt *es* Ihnen plötzlich wieder ein. „Es" war an einen bestimmten Gegenstand geankert, weil es Ihnen vorhin dort eingefallen war. Und dieser Anker spricht nun den richtigen Knotenpunkt in Ihrem Gedächtnis an – plötzlich ist „es" Ihnen wieder eingefallen (... oder hat doch der Heilige Antonius geholfen?).

In unserer Umwelt gibt es eine Vielzahl der verschiedensten Anker. Viele der gelernten Reaktionen auf diese Reize laufen sozusagen automatisch ab, ob wir uns der Auslöser bewusst sind oder nicht. Manche Menschen beschreiben dies zum Beispiel so:

- „Ich brauche nur das Haus meiner Eltern zu betreten und schon fühle ich mich wieder wie die kleine Tochter."

- „Sobald ich das Bohrgeräusch beim Zahnarzt höre, verkrampft sich alles in mir. Mir bricht der Schweiß aus, ich kann das einfach nicht verhindern."
- „Auf meinem Schreibtisch steht ein Foto aus meinem letzten Urlaub. Immer, wenn ich dorthin schaue, nehme ich sozusagen einen ‚Kurzurlaub' und bin für einen Moment dort am Meer, in der Sonne, höre das Geräusch der Wellen ..."

Was können Sie nun mit Ihrem neu erworbenen Wissen über die Anker anfangen?

- Sie können Detektiv spielen und versuchen, einige Ihrer persönlichen Anker aufzuspüren. Ein Hinweis auf das Vorhandensein von Ankern ist eine regelmäßig wiederkehrende gefühlsmäßige Reaktion („Immer, wenn ...").
- Sie können die Anker gezielt benutzen, etwa um sich an bestimmte Dinge zu erinnern oder um Ihre Stimmung zu ändern (Kurzurlaub am Schreibtisch).
- Sie können sich neue Anker „bauen". Dies ist oft in ganz bestimmten Situationen hilfreich, wo Sie sich wünschen, besonders selbstsicher, positiv, gut aufgelegt ... zu sein.

Besonders die letzten Punkte sind sehr interessant und bieten erstaunliche Möglichkeiten im konkreten Alltag. Deshalb wollen wir darauf nun näher eingehen.

Anker als Kraftquellen (Ressourcen)

In diesem Abschnitt geht es darum, wie Sie Anker benutzen können, um Zugang zu Ihren eigenen Stärken und Fähigkeiten zu finden. Wir wollen Ihnen einen Weg zeigen, wie Sie auch in schwierigen Lagen Ihre eigenen Stärken anzapfen können, sodass Sie diese öfter, leichter und sicherer nutzen können. Was sind Ihre persönlichen Ressourcen?

Das Fremdwort „Ressourcen" bedeutet soviel wie (Kraft-) Quelle, Reichtümer, Talent, Stärken. Diese sind natürlich individuell verschieden, jeder Mensch hat seine eigenen Fähigkeiten, Stärken, Quellen für seine Kraft und innere Zufriedenheit. Für den einen ist Erfolg besonders wichtig, für einen anderen Ruhe und Entspannung, der nächste schöpft Energie aus einem langen Spaziergang, wo er sich eins fühlt mit der Natur, für einen anderen sind intensive Kontakte zu anderen Menschen wichtig ... es gibt unzählige Kombinationsmöglichkeiten.

Um Ihnen die Suche nach Ihren persönlichen Ressourcen zu erleichtern, geben wir Ihnen zunächst einen allgemeinen Rahmen vor. Ähnlich wie die Goldsucher im Wilden Westen auch zuerst einen Claim absteckten, also einen Bereich, in dem sie nach Gold suchen wollten, geben wir Ihnen eine allgemeine Gliederung Ihrer Erfahrungswelt. Dann können Sie systematisch auf die Suche gehen. Denn: Je genauer und konkreter Sie Ihre Ressourcen benennen und beschreiben können, desto leichter wird es Ihnen danach fallen, sie anzuzapfen und für Ihr persönliches Wohlergehen zu nutzen.

1. Sie finden Ressourcen in Ihrer Vergangenheit:

Erinnerungen   Personen
Erlebnisse   im Zusammenhang mit   Dingen
Erfahrungen   Orten
                                               Aktivitäten

Erinnerungen an die Großmutter können Gefühle von Geborgenheit und Gemütlichkeit wecken. Wenn wir an unser erstes Werkstück oder ein gelungenes Kunstwerk denken, können wir unseren Stolz und unser Selbstwertgefühl aktivieren. Bilder von Urlaubsorten, an denen wir waren, bescheren uns den Zugang zu Ruhe und Entspannung – oder zu Ausgelassenheit und Spannkraft. Je intensiver die Erlebnisse und Erfahrungen waren und je lebendiger die Erinnerung daran wieder auflebt, desto stärker werden unsere Ressourcen angesprochen.

Dabei spielt es keine große Rolle, ob alles wirklich exakt so geschehen ist oder ob unsere Erinnerung ein Stück verklärend wirkt. Auch wenn das so wäre: Es schadet gar nichts. Im Gegenteil – Sie können die Kraft Ihrer Gedanken nutzen, um in Ihrer Vorstellung Dinge zu erschaffen, die Sie beflügeln. Wir werden später darauf noch ausführlich zu sprechen kommen. Wirklich ist, was wirkt!

2. *Sie finden Ressourcen auch in Ihrer Zukunft:*

Ziele   Personen
Fantasien   im Zusammenhang mit   Dingen
Pläne   Orten
                                             Aktivitäten

Sicher haben Sie auch schon die Erfahrung gemacht, dass ein erstrebenswertes Ziel, das man vor Augen hat, ungeheure Kraftreserven freisetzen kann. Ob das nun der Gipfel eines Berges ist, von dem Sie nur noch 100 Meter Aufstieg trennen, oder ein Haus, das Sie kaufen wollen und dafür viel Geld und Arbeit investieren müssen, oder eine Verabredung mit einem interessanten Menschen ... Je deutlicher Sie Ihr Ziel vor Augen haben (oder im Gefühl oder im Ohr wie die Zukunftsmusik), desto eher wirkt es wie ein Magnet und kann Sie beflügeln.

3. *Sie finden natürlich auch Ressourcen in Ihrer Gegenwart:*
In allen Bereichen Ihres täglichen Lebens.

Für Albert Einstein war die wichtigste Frage der Menschheit, ob das Universum ein freundlicher Platz sei. Und diese Bewertung schafft jeder für sich selbst täglich, stündlich, in jedem Moment. Tatsachen an sich sind weder gut noch böse. Statt uns nur über die Dinge aufzuregen, die uns nicht gefallen, können wir uns auch an denen freuen, die uns glücklich und zufrieden machen.

Dazu gleich einige konkrete Beispiele:

a) Wahrnehmen
Hierher gehören zum Beispiel die Anker, die eine positive gefühlsmäßige Reaktion bei Ihnen auslösen: Bilder, Töne, Gerüche, Geschmack ...

b) Denken
Kreative Köpfe schöpfen ihre Energie aus Ideen, Denkanstößen, Fantasien usw.

c) Sprechen
Viele Dinge werden einfacher, wenn man sie beim Namen nennt und laut ausspricht. So reden manche Sportler laut mit sich selbst, um sich anzuspornen: zum Beispiel Boris Becker.

d) Gefühl
Die Ressource Gefühl lässt sich leicht über konkrete Körpergefühle anzapfen, zum Beispiel ganz entspannt in der warmen Badewanne liegen.

e) Bewegen
Dazu gehört zum Beispiel Sport, Spazierengehen, Tanzen ...

f) Handeln
Alles tun, was Ihnen Spaß macht: zum Beispiel Hobbys, erfolgreiche Arbeit, jemand anderem einen Gefallen tun, uns selbst etwas Schönes gönnen ...

Und nun geht's um Sie und Ihre Kraftquellen!
Sie profitieren am meisten von diesem Kapitel, wenn Sie die folgenden Fragen wirklich persönlich beantworten. Allgemeine Rezepte sind weniger wirkungsvoll, weil ja jeder seine eigenen Stärken hat. Diesen Inhaltsteil tragen Sie also selber bei: Was sind

Anker als Kraftquellen (Ressourcen)

Ihre Stärken, Fähigkeiten, Quellen der Kraft und Zufriedenheit? Wie Sie dann damit effektiver umgehen, das werden Sie weiter unten lernen. Zunächst geht es darum, Ihre ganz persönlichen Ressourcen zu finden. Nehmen Sie sich dazu genügend Zeit und erinnern Sie sich möglichst genau:

	Stärke, Ressource	evtl. Situation dazu
1.		
2.		
3.		
4.		
5.		

Bevor es nun weitergeht, eine Zwischenfrage an Sie: Sie haben sich eben an einige Ihrer persönlichen Ressourcen erinnert. Wie fühlen Sie sich jetzt? Wie ist Ihre Stimmung, wie ist Ihr Körpergefühl?

Wahrscheinlich haben Sie soeben selbst die Erfahrung gemacht, wie bloßes Erinnern an positive Erlebnisse und Erfahrungen Ihre Stimmung verbessert. Indem Sie an die Ressourcen denken, zapfen Sie diese Energiequellen an und erleben die positiven Gefühle noch einmal.

Dieser Prozess kann durch gezieltes Erinnern, Bewusstmachen und Verankern noch intensiviert werden. Dann können Sie die Ressource jederzeit abrufen und im Alltag nutzen.

Übung: Meine persönliche Kraftquelle

Die folgende Übung kann Ihnen im Alltag bei vielen Gelegenheiten sehr hilfreich sein; zum Beispiel wenn Sie sich abgespannt, gelangweilt oder gereizt fühlen und gerne wieder innerlich zur Ruhe kommen möchten. Es lohnt sich also, wenn Sie sich auch diesmal genügend Zeit nehmen und der Übung sorgfältig und konzentriert folgen.

Nehmen Sie sich jetzt mindestens eine Viertelstunde Zeit. Sorgen Sie dafür, dass Sie in dieser Zeit nicht gestört werden und suchen Sie sich eine angenehme Umgebung. Setzen Sie sich bequem hin und geben Sie sich einige Minuten Zeit, um zur Ruhe zu kommen und sich zu entspannen. Gehen Sie in Gedanken durch Ihren ganzen Körper und lassen Sie alle Spannungen los. Entspannen Sie Schultern, Arme, Bauch und Beine. Atmen Sie einige Male tief aus.

Erinnern Sie sich nun an eine Situation, in der Sie sich ganz wohl gefühlt haben. Sie waren damals selbstsicher, fühlten sich rundum wohl und entspannt – was immer das für Sie in Ihrer Situation bedeuten mag. Vielleicht heißt das für Sie, aktiv und konzentriert zu sein oder kreativ oder spontan oder ... Es geht um Ihr ganz persönliches Gefühl. Erinnern Sie sich an eine solche Situation, in der Sie ganz zufrieden und glücklich waren.

Anker als Kraftquellen (Ressourcen)

Wenn Sie diese Situation gefunden haben, versetzen Sie sich ganz dorthin zurück. Erleben Sie die Situation noch einmal aufs Neue in der Gegenwart: So als würde sie jetzt in diesem Moment passieren. Schauen Sie sich gut um und hören Sie genau hin. Gibt es außerdem noch bestimmte Gefühle und Empfindungen dabei?

Vielleicht können Sie noch einige Veränderungen vornehmen, um Ihr positives Gefühl zu verstärken. Probieren Sie aus, wie es sich für Sie am besten anfühlt. Als Grundregel gilt dabei: Wenn sich Ihr positives Gefühl und damit der Zugang zu Ihrer „Goldgrube" verstärkt, führen Sie die Veränderung durch. Bleibt das Gefühl dagegen gleich oder wird es eher schwächer, gehen Sie wieder zu Ihrem ursprünglichen Ausgangspunkt zurück. (Sie machen dann also die Veränderung wieder rückgängig.)

Mit folgenden Veränderungen können Sie experimentieren und vielleicht fallen Ihnen selbst noch neue Möglichkeiten ein:

Was sehen Sie?

- Machen Sie die Farben kräftiger und leuchtender.
- Holen Sie das Bild näher zu sich heran.
- Verbessern Sie die Schärfe.
- Verändern Sie die Helligkeit so, dass es am schönsten aussieht.
- Sehen Sie ein Standbild oder einen Film? Verändern Sie die Geschwindigkeit so, dass es am schönsten aussieht.
- Versetzen Sie sich direkt in das Bild hinein, sodass Sie alles durch Ihre eigenen Augen sehen und die Situation noch einmal als Ganzes erleben.

Was hören Sie?

- Sind es Geräusche oder Stimmen?
- Stimmen Sie die Lautstärke genau ab, sodass Sie sich dabei wohl fühlen.
- Genauso regeln Sie die Tonhöhe und den Rhythmus.
- Stellen Sie genau die Richtung ein, aus der die Geräusche/Stimmen kommen.

Wie fühlt es sich an?

- Verändern Sie Bewegung, Rhythmus, Wärme, Entspannung so, dass es sich am besten anfühlt.

Nachdem Sie nun alles so sehen, hören, fühlen, wie es für Sie am angenehmsten ist, lassen Sie dieses Gefühl ganz lebendig werden. Und wenn Sie sich so richtig rundum wohl fühlen, atmen Sie tief und langsam aus, lassen Sie dabei Ihre Schultern sinken und verschränken Sie Ihre Finger.

Machen Sie das mindestens dreimal hintereinander: Versetzen Sie sich zurück in die Situation mit allem, was Sie sehen, hören und fühlen, lassen Sie Ihre positiven Empfindungen ganz stark werden und atmen Sie dann aus, lassen Sie die Schultern sinken und verschränken Sie die Hände.

Damit haben Sie sich einen persönlichen Anker für diesen positiven Gefühlszustand geschaffen. Probieren Sie ihn gleich einmal aus: Atmen Sie langsam aus, entspannen Sie Ihre Schultern und verschränken Sie die Hände.

Spüren Sie, wie sich dieses positive Gefühl wieder in Ihnen ausbreitet? Wenn Sie die Übung konzentriert ausgeführt haben, ist dieser Anker nun „da": Über ihn können Sie Zugang zu Ihren persönlichen Ressourcen finden. Der Prozess des Verankerns ist sehr einfach und wirkungsvoll. Damit der Anker schließlich möglichst gut funktioniert, beachten Sie bitte Folgendes:

- Versetzen Sie sich immer ganz hinein in das Gefühl oder Erlebnis, das Sie verankern möchten. Lassen Sie sich ruhig Zeit dafür, es lohnt sich!
- Wenn das Gefühl ganz intensiv ist, dann setzen Sie Ihren Anker. Warten Sie also bis zum Höhepunkt, bis Sie das Gefühl ganz deutlich spüren.

In einer bildlichen Darstellung würde das etwa so aussehen:

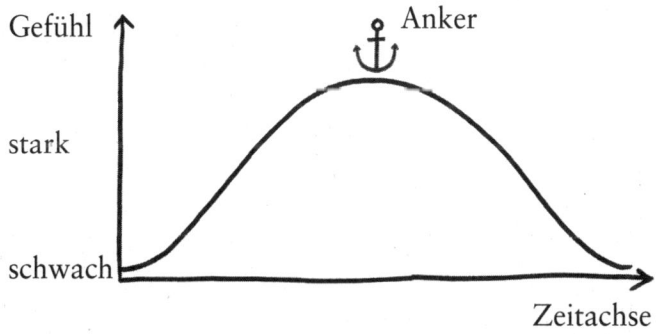

- Wählen Sie einen Anker, der einfach zu wiederholen, aber dennoch in gewisser Weise einzigartig ist.

Einfach soll er deshalb sein, damit Sie ihn (unauffällig) benutzen können, wenn Sie ihn brauchen. Sie können das positive Gefühl wieder mit einer Bewegung oder/und einer Körperhaltung als Anker verknüpfen, aber wählen Sie nicht gerade eine komplizierte Bewegung wie „Mit der rechten Hand am rechten Schulterblatt kratzen".

Einfache Anker können zum Beispiel sein:

- Hände verschränken
- Hände ineinander legen
- Eine Hand auf den Oberschenkel legen (merken Sie sich genau die Stelle!)
- Mit einer Hand das andere Handgelenk umfassen
- An einen Ring oder ein anderes Schmuckstück fassen

Einzigartig soll ein Anker sein, weil er so am dauerhaftesten bestehen bleibt. Denken Sie zum Beispiel an eine gute Schneiderschere: Wenn Sie diese öfter verwenden, um Papier oder Pappe zu schneiden, wird sie Ihnen für den eigentlichen Zweck nur noch schlechte Dienste leisten – sie ist stumpf geworden.

Im übertragenen Sinne gilt das auch für Anker. Wenn Sie ganz ähnliche Anker für verschiedene Gefühle etablieren, werden sich diese zu einem „Gefühlsnebel" vermischen.

• Wichtig ist, dass Sie den Anker immer wieder *genauso auslösen*, wie Sie ihn etabliert haben. Wenn Sie beispielsweise eine Hand auf den Oberschenkel gelegt haben, ist entscheidend, dass Sie die Hand immer wieder *genau* an diese Stelle legen, mit dem gleichen Druck usw. In unserem Beispiel von vorhin gehören drei Teile zum Anker: Atmen, Handhaltung und bewusste Entspannung. Wenn diese drei Teile bei jedem Auslösen möglichst konstant bleiben, wirkt der Anker am effektivsten.

Doppelt hält besser

Sie können den Effekt eines Ankers auch verstärken, indem Sie eine weitere (ähnliche!) Ressource auf die gleiche Weise verankern. Sie setzen dann gewissermaßen mehrere Anker übereinander. Das funktioniert am besten, wenn die Gefühle möglichst ähnlich sind, also ähnliche Ressourcen beteiligt sind.

Der Effekt doppelter oder dreifacher Anker lässt sich einfach veranschaulichen: Stellen Sie sich vor, mehrere Personen ziehen an einem Strang. Wenn sie alle dasselbe Ziel haben, werden sie auch ihre gemeinsame Anstrengung am besten koordinieren können. Sobald aber die Ziele auch nur leicht voneinander abweichen, ziehen sie auch nicht mehr exakt in die gleiche Richtung. Am Ende behindern sie sich vielleicht sogar gegenseitig.

Wenn in einem Anker mehrere ganz ähnliche Ressourcen verankert werden, ziehen alle sozusagen am gleichen Strang und unterstützen sich gegenseitig. Sobald die Ressourcen und die dazugehörigen Gefühle aber zu verschieden sind, werden in Ihrem Unbewussten verschiedene Ziele aktiviert. Die Kräfte Ihres Unbewussten ziehen dann nicht mehr am gleichen Strang.

Überlegen Sie sich also vorher, welcher Anker „passt". Vielleicht wollen Sie eine bestimmte Ressource separat verankern oder zu einem anderen, schon bestehenden Anker hinzufügen ... Ihrer Fantasie sind dabei keine Grenzen gesetzt. Wenn es darum geht, welche Gefühle zusammenpassen und sich innerhalb eines Ankers vertragen, verlassen Sie sich auf Ihr inneres Gefühl und die Ideen, die Ihnen dazu kommen. Ihr Unbewusstes weiß selbst sehr gut, wie es seine einzelnen Arbeiter koordinieren muss, damit jede Gruppe sich ganz auf ein Ziel konzentriert und sie sich nicht gegenseitig im Weg stehen. Sie müssen sich nur etwas Zeit und Ruhe dafür nehmen, um „nach innen zu hören" – dann kommen Ihnen die Ideen, die Sie zum Ankern brauchen, ganz von selbst.

Warum überhaupt Anker?

Der praktische Nutzen des Verankerns von Ressourcen ist offensichtlich: Wann immer Sie in einer Situation das Gefühl haben, Sie bräuchten jetzt eine bestimmte Fähigkeit, ein Gefühl, eine Stimmung, um mit der Situation besser umgehen zu können – bedienen Sie sich Ihres Ankers! Sie werden vielleicht selbst überrascht sein, wie unmittelbar und eindrucksvoll Sie eine Veränderung in Ihrem Erleben wahrnehmen können.

Um diesen Erfolg zu sichern, ist ganz entscheidend, dass Sie sich in dem kurzen Moment des Anker-Auslösens ganz darauf konzentrieren. Sie gehen also kurz nach innen und konzentrieren sich ganz auf die Veränderungen, die Sie nun erleben. Einige Sekunden genügen dafür in der Regel, sodass Ihr Gesprächspartner gar nichts mitbekommen muss – höchstens das Ergebnis.

Sicher kennen Sie auch Situationen, in denen Sie immer wieder auf eine ganz bestimmte unvorteilhafte Weise reagieren, obwohl Sie sich gerne anders verhalten würden (und dies in *anderen* Situationen auch können!). Auch in dieser Situation können Sie sich selbst helfen, indem Sie gezielt Anker einsetzen.

Der Grundgedanke ist dabei ganz einfach: Wenn sich im Gedächtnis Dinge bereits einmal verknüpfen ließen, lassen sie sich auch wieder *neu* verknüpfen.

Manchmal ist das nicht ganz leicht, weil dazu bestehende Verknüpfungen erst gelöst oder aufgeweicht werden müssen. Zum Teil bestehen diese alten Bindungen auch schon über längere Zeit, sie sind vielleicht schon ein wenig eingerostet – ähnlich wie eine Tür ins Freie, die man nach langer Zeit zum ersten Mal wieder öffnet.

Deshalb ist es wichtig, dass Sie zu diesem Zweck Ihren Anker besonders sorgfältig setzen. Dann können Sie ihn jederzeit in einer solchen unbefriedigenden Situation einsetzen.

Dazu ein Beispiel: Herr Schmidt wird jedes Mal sehr nervös, wenn er zu seinem Chef gerufen wird. Obwohl er weiß, dass er gut vorbereitet ist und sein Chef im Grunde ein netter Mensch, der ihm nicht den Kopf abreißen will, ist er doch immer wieder angespannt, aufgeregt und bringt kaum einen Satz zu Ende.

Sein Ziel wäre, in dieser Situation entspannt und locker zu bleiben, sodass er klar denken und sich entsprechend ausdrücken kann.

Um seine Ressource Entspannung anzuzapfen, wird Herr Schmidt sich zunächst an einem angenehmen Ort (nicht gerade im Büro, sondern zum Beispiel zu Hause auf dem Sofa) an eine Situation erinnern, in der er ganz entspannt und ruhig war und volles Vertrauen in die eigenen Fähigkeiten besaß. Er wird sich diese Situation so genau vorstellen, als wäre er noch einmal dort. Er bleibt so lange darauf konzentriert, bis er alles wieder sieht, hört und fühlt wie damals in der ursprünglichen Situation. Wenn er dann intensiv das Gefühl von Ruhe und Selbstvertrauen wieder erlebt, wird er ganz bewusst ausatmen, den Kopf aufrichten und dabei seine Schultern sinken lassen. (So setzt er für sich einen persönlichen Entspannungs-Anker.) Diesen Prozess „Erinnerung – Gefühl – Kopf hoch – Schultern entspannen" wiederholt er nun noch mehrere Male, um den Anker zu festigen. Beim nächsten Mal, wenn er zu seinem Chef geht, wird er diesen Anker auslösen: Er wird bewusst ausatmen, den Kopf heben, die Schultern entspannen – und dann das Zimmer seines Chefs ruhig und voller Selbstvertrauen betreten.

Funktioniert das wirklich?

Wahrscheinlich wird Herr Schmidt das Zimmer seines Chefs mit einem neuen Gefühl betreten. Dieses Gefühl könnte man als eine Mischung beschreiben aus der alten Anspannung und der Ressource Entspannung.

Diese Mischung ist in dieser Situation durchaus sinnvoll. Eine völlig entspannte „Sofahaltung" wäre hier wohl nicht unbedingt angebracht.

Das neue Gefühl verbindet den positiven Anteil des angespannten Zustandes – Spannung und Lebendigkeit, die seine Arbeitsfähigkeit sicherstellen – mit den Kräften der Ressource Entspannung. Beides findet eine angemessene Integration im neuen Erleben und Verhalten.

(Übrigens: Diese Integration muss von Ihnen nicht notwendigerweise bewusst gelöst werden. In der Regel findet Ihr Unbewusstes den besten Weg dazu allein, ohne aktives „Grübeln". Sie können sich also ruhig überraschen lassen von dem, was Ihr Unbewusstes für Sie auswählt.)

Wenn Anker allein nicht ausreichen

Anker helfen in vielen Fällen – doch *alle* Probleme können sie auch nicht lösen.

1. Bei sehr intensiven negativen Erlebnissen sind andere Lösungswege notwendig; etwa wenn der Mitarbeiter schon einmal einen Nervenzusammenbruch hatte oder ihn der Chef an einen verhassten Lehrer erinnert (unbewusster Anker!), bei dem er auf keinen grünen Zweig kam etc. In solchen Fällen bräuchte man mehrere, sehr sorgfältig aufeinander aufgebaute Anker – hierbei könnte Ihnen auch eine professionelle Beratung durch einen Coach oder Psychotherapeuten helfen.
2. Eine zweite Bedingung, bei der einfaches Ankern nicht ausreicht: Durch das „Problemverhalten" wird unbewusst eine positive Absicht erreicht und

verstärkt. (Psychologen nennen das den „sekundären Gewinn".)

Ist der Chef zum Beispiel immer besonders nett und hilfsbereit zu Herrn Schmidt, wenn dieser nervös und verspannt ist, bedeutet das eine optimale Unterstützung für Herrn Schmidt. Das „Problemverhalten" wird also in solchen Situationen wahrscheinlich immer wieder auftreten, da es ihm auf einer unbewussten Ebene ja einen sehr guten Dienst leistet.

Auch solche Situationen kann man lösen. Man benutzt dazu keine Anker, sondern lässt das Unbewusste neue Möglichkeiten finden, die gute Absicht des „Problemverhaltens" auf andere Weise sicherzustellen – sodass das unerwünschte Verhalten nicht mehr nötig ist, aber der Nutzen trotzdem gesichert bleibt. Denn darauf legt das Unbewusste großen Wert: Die positive Absicht soll wirksam werden. Es will Sie ja schließlich optimal unterstützen. Doch darauf gehen wir ausführlich im nächsten Kapitel ein.

Zusammenfassend lässt sich hier also sagen: Für viele Fälle des Alltags, in denen es um kleinere Schwierigkeiten oder unangenehme Gefühle geht, helfen Anker sehr einfach und wirksam, um im rechten Moment Zugang zu den nötigen eigenen Ressourcen zu finden.

Lieblingsgefühle

Wir wollen Ihnen an dieser Stelle gleich noch eine weitere Möglichkeit zeigen, wie Sie auf neue Art mit belastenden und störenden Gefühlen umgehen können.

Bereits einige Seiten weiter vorne hatten wir uns ja ausführlich damit beschäftigt, dass es keine guten oder schlechten Gefühle gibt, sondern dass in jedem Gefühl eine wertvolle Botschaft steckt. Der Einfachheit halber benutzen wir hier trotzdem die Kategorien gut und schlecht – aber immer in dem Bewusstsein, dass dies noch keine endgültige Bewertung ist, sondern allenfalls ein vorläufiger Arbeitstitel.

Beschäftigen wir uns also weiter mit dem Thema Gefühle. Die meisten von uns haben sozusagen ihre Lieblingsgefühle. Der eine ist gerne ruhig und satt, der andere gerne aktiv und tatendurstig. Und genauso haben auch die meisten von uns ihre negativen Lieblingsgefühle. Anton ist oft deprimiert und schlecht ansprechbar, Bernd ist erregt und gereizt, und Christiane fühlt sich immer so schwach und hilflos. Und wenn wir ganz ehrlich mit uns sind, entdecken wir diese „Lieblings-schlechten-Gefühle" (LSGs) auch bei uns. Wir begegnen ihnen immer wieder, wir hegen und pflegen sie. Ab und zu sind sie uns lästig, aber sie sind uns so vertraut, dass wir sie vielleicht doch lieber nicht missen möchten.

Für den Fall, dass Sie einige Ihrer LSGs loswerden möchten, müssen wir Ihnen leider gestehen: Das geht gar nicht. Gerade die LSGs haben sehr wichtige Botschaften für uns, und die Lebensgeschichte, die uns mit Ihnen verbindet, lässt sich nicht einfach auslöschen.

Aber für den Fall, dass Sie lernen wollen, besser damit umzugehen – sie besser zu verstehen, sie leichter zu nehmen, sie nicht immer auch dann heranzuziehen und aufzubauschen, wenn Sie sie eigentlich gar nicht so dringend brauchen – möchten wir Ihnen eine Übung vorschlagen.

Zuerst noch ein allgemeiner Hinweis:

LSGs treten oft in Form von impliziten Vergleichen auf wie „Ich bin zu reizbar", „Ich bin zu gutmütig", „Ich bin zu impulsiv" oder was auch immer. Nennen wir diese Klagen einmal allgemein „Ich bin zu x"; x kann dabei, wie wir gerade gesehen haben, für alles Mögliche stehen.

Die Formulierung des Denkmusters in inhaltsfreie Buchstaben wie x wird es uns leichter machen, uns vorurteilslos mit den Klagen und den LSGs zu beschäftigen.

**Übung: Umgang mit
„Lieblings-schlechten-Gefühlen"**

a) Listen Sie nun eine Reihe Ihrer Lieblingsklagen auf, nach dem Muster „Ich bin zu x ".
b) Wählen Sie zuerst einen Satz, der nicht zu schwer wiegend, aber dennoch ernst gemeint ist.
c) Nehmen Sie sich jetzt mindestens eine Viertelstunde Zeit und beantworten Sie die folgenden Fragen eine nach der anderen (am besten schriftlich):

1. „Ich bin zu x" – im Vergleich wozu? Lassen Sie sich die Zeit, die Sie brauchen, um die richtigen Antworten zu finden. Wenn Ihnen gar nichts einfällt, arbeiten Sie mit den Hilfsfragen:
„Wann bin ich zu x?"
„Im Vergleich zu wem?"
2. „Wie viel x wäre richtig und angemessen in welcher Situation?" (Suchen Sie sich mindestens drei verschiedene Situationen aus.)
3. „In welcher Situation bin ich froh, dass ich x bin?"
4. „Welche Vorteile beobachte ich bei anderen, die x sind?"
5. „Was sind die Vorteile, die mir x bringt?"
6. „Wann wünsche ich mir, noch mehr x zu haben?"
7. „Welche Alternativen gibt es zu x?"
8. „Welche Vor- und Nachteile haben diese Alternativen?"

(Wenn Sie mit dieser Frageliste noch ein weiteres Beispiel durchgehen möchten, nehmen Sie sich einen bestimmten Zeitpunkt dafür vor. Bearbeiten Sie auf jeden Fall immer nur ein Beispiel auf einmal.)

Auch wenn Ihnen die eine oder andere Frage vielleicht merkwürdig erscheint – vielleicht ist sie merkwürdig im wahrsten Sinn des Wortes. Beantworten Sie sie ernsthaft, schauen Sie dann Ihre Antworten an, lesen Sie sie sich noch einmal vor und lassen Sie sie auf sich wirken. Was passiert mit Ihrem LSG?

Vielleicht sind Ihnen in der Zwischenzeit schon einige Ideen gekommen, was es mit Ihrem LSG auf sich hat, zum Beispiel

- dass x in vielen Situationen gar nicht so verkehrt ist,
- dass Sie vielleicht mehr davon profitieren, als Ihnen vorher klar war,
- dass es mehrere Möglichkeiten gibt, an die Sie nur noch nicht so ausführlich gedacht hatten,
- dass Sie sich schon ein Stück mit x versöhnt haben,
- dass Sie gemerkt haben, dass Sie es eher mit einer (wenn auch unbewusst) gezeigten Handlung zu tun haben, als mit einer automatischen Reaktion.

Nichts von alldem, sondern etwas ganz anderes? Umso besser. Jeder Mensch ist anders, und Ihre Erfahrungen sind Ihre Erfahrungen. Nehmen Sie sich Zeit, und machen Sie Ihre ganz persönlichen Erfahrungen beim Umgang mit diesen Fragen und Ihrem LSG.

Auf diese Weise können Sie sich natürlich nicht nur selbst helfen, sondern auch anderen, besser mit Gefühlen umzugehen. Sobald Sie bei anderen auf Klagen vom Typ „Ich bin zu ..." stoßen, stellen Sie ihnen die gleichen Fragen, die Sie in der letzten Übung sich selbst gestellt haben. Voraussetzung dafür ist allerdings, dass Sie wirklich einen guten Draht zum anderen haben und kein schwer wiegendes Eigeninteresse an seinem Verhalten, sodass Sie sich vorurteilslos damit beschäftigen können.

Bei allen diesen Fragen ist es gut, darauf zu achten, ob der Partner wirklich lockerer wird; das kann auch heißen: nachdenklicher oder erstaunter. Genau wie bei den Fragen zur Bedeutung der Sprache (Kapitel 3) geht es darum, kein Kreuzverhör zu veranstalten, sondern dem anderen dabei behilflich zu sein, sich selbst besser kennenzulernen. Sie müssen sich nicht unbedingt auf Fragen beschränken, manchmal sind Anmerkungen oder Kommentare viel wirksamer. Sie könnten zum Beispiel sagen: „Also ich könnte mir in einer Situation wie ... vorstellen, dass ich froh wäre, wenn ich so gut x könnte" oder „Wenn ich das mit der Möglichkeit y vergleiche, könnte x wirklich eine einfachere Lösung sein."

Achten Sie darauf, ob und bei welchem Kommentar Ihr Partner körpersprachlich mit Zeichen wie Durchatmen, zunehmender Entspannung oder Nachdenklichkeit reagiert. Vielleicht sagt er auch etwas wie: „So habe ich das noch nie betrachtet", „So gesehen macht das Sinn" oder „Das hört sich ja interessant an".

Denken Sie daran: Ihr Partner ist nicht gezwungen, auf Ihre Vorschläge einzugehen oder positiv zu reagieren, was immer Sie sich darunter vorstellen. Sein Verhalten zeigt Ihnen, ob Sie auf der richtigen Fährte sind. Nehmen Sie seine Reaktionen als Hinweis darauf, wie gut Ihr augenblicklicher Kontakt zu ihm ist und wie gut Sie bereits mit Gefühlen positiv und kreativ umgehen können.

5. KAPITEL

ALLES HAT EINE POSITIVE SEITE ODER: WIE SICH GUTE ABSICHTEN VERWIRKLICHEN LASSEN

Alles hat eine positive Seite

Als mein kleiner Neffe drei Jahre alt war, beobachtete er mich eines Tages im Garten. In unserem Rasen hatten sich viele Disteln eingenistet, deren Samen von einem benachbarten Brachland herübergeweht worden waren und die beim Barfußlaufen empfindlich stören konnten. Deshalb ging ich öfter mal daran, diese Disteln zu jäten. Für meinen Neffen war es wohl nicht genug, mir zuzuschauen. Er kam dazu und fing an, genau das zu tun, was er bei mir beobachtet hatte: Er packte einzelne Pflanzen und riß sie aus. Dabei beschränkte er sich keineswegs auf Disteln, sondern erwischte alles, was irgendwie höher und stärker wuchs. Ganz offensichtlich wollte er mir helfen.

Sollte ich ihm nun böse sein, dass er dabei auch recht nützliche Pflänzchen beseitigte? Was hätten Sie in dieser Situation getan? Um wirklich bei den Disteln helfen zu können, hätte er diese sicher von anderen Pflanzen unterscheiden können müssen, und außerdem hätte er wie ich stabile Lederhandschuhe gebraucht, um sich nicht die Finger zu zerstechen. Und letztlich hatte er auch noch nicht die Kraft, die manchmal sehr tiefen Wurzeln mit herauszuziehen; aber gerade das war sehr wichtig, damit die Disteln nicht noch stärker nachwachsen konnten.

Also freute ich mich einfach über seine gute Absicht und ließ mir gerne von ihm helfen. Es hat uns beiden sehr viel Spaß gemacht.

Das Beispiel verdeutlicht, welchen Unterschied es macht, ob wir Absicht oder Verhalten beurteilen. Wenn wir das Verhalten aus einer Situation heraus bewerten, können wir leicht in Versuchung kommen, es negativ zu beurteilen. Für den Handelnden selbst ist das Verhalten aber immer unmittelbar mit der Motivation, das heißt mit seiner Absicht, gekoppelt.

Hätte ich meinen Neffen kritisiert und gescholten, hätte ich damit auch gleichzeitig seine gute Absicht abgelehnt. Wird eine gute Absicht aber anerkannt und entsprechend gewürdigt, so kann sie später durch passendere Verhaltensweisen ersetzt und so besser verwirklicht werden.

Betrachtet man den menschlichen Organismus genauer, so erkennt man erst richtig, wie perfekt er sich auf unterschiedliche Situationen einstellen kann, wie er in jeder Lage dazulernen kann, wie er ständig sein Verhaltensrepertoire erweitert. Das geschieht weitgehend unbewusst; viele Verhaltensweisen, die wir von anderen übernehmen – seien es nun Modeworte, Gesten, Kleidungsgewohnheiten oder was auch immer – gehen wie automatisch in unser Repertoire, in unseren Besitz, über.

Dieses automatische Lernen leistet uns unschätzbare Dienste. Wenn wir uns all diese Dinge und Fähigkeiten bewusst aneignen müssten, wären wir damit voll ausgelastet. In unserem Gehirn wäre praktisch keine Kapazität mehr frei, um gezielt zu lernen, was für uns erforderlich ist: Lesen, Schreiben, Sprachen, Mathematik ..., die Aufzählung ließe sich beliebig verlängern.

Wir können davon ausgehen, dass jedes Verhalten, das wir irgendwann einmal erworben haben, für diese damalige Situation die einfachste und beste (Problem-)Lösung war, zu der unser Organismus damals in der Lage war.

Wenn zum Beispiel ein Kind in seinem Bestreben, die Aufmerksamkeit der anderen auf sich zu lenken, die verschiedenartigsten Möglichkeiten ausprobiert und sich dann angewöhnt, zu weinen, weil sich das als erfolgreichste Strategie herausgestellt hat, so wird es diese Möglichkeit natürlich beibehalten.

Darin steckt aber auch ein kleiner Pferdefuß verborgen: Wenn das Kind älter wird und eigentlich schon andere Möglichkeiten hätte, seine Bedürfnisse mitzuteilen, kann sich die alte Gewohnheit noch lange automatisch erhalten – zumindest solange sie einigermaßen erfolgreich ist. Das hindert aber den Betroffenen daran, neue und noch wirksamere Mittel wie zum Beispiel das klare Äußern von Wünschen zu entdecken – besonders wenn er/sie bei seinen ersten Versuchen damit schlechte Erfahrungen gemacht hat. Obwohl also neue Fähigkeiten und Ressourcen zur Verfügung stünden, wird oft noch versucht, die Absicht mit den alten bewährten Methoden zu erreichen.

Kommt jetzt plötzlich eine Situation, in der das bewährte Verhalten auf Schwierigkeiten stößt, so ist eine bewusste Neuorientierung nur selten möglich. So unbewusst, wie das früher erfolgreiche Verhalten gelernt wurde, wird es jetzt immer wieder eingebracht und wiederholt. Das Bewusstsein kann ja nur einen kleinen Teil dessen überblicken, was durch das Verhalten erreicht wird.

Warum könnte zum Beispiel jemand das Weinen aus unserem Beispiel beibehalten, um Aufmerksamkeit zu erregen, obwohl er oder sie als Erwachsener sehr viel bessere und präzisere Möglichkeiten hätte, sich auszudrücken? Da kann etwa mitspielen, dass Weinen früher auch den schönen Nebeneffekt hatte, dass die helfenden Erwachsenen die Verantwortung für die Situation übernahmen, wenn sie nur erst einmal aufmerksam geworden waren. Das Kind konnte sich bequem bemuttern lassen und die Problemlösung den Großen überlassen. Dieser angenehme und möglicherweise völlig unbewusste günstige Nebeneffekt funktioniert oft auch heute noch, wenn erst einmal die Aufmerksamkeit eines anderen erfolgreich geweckt ist – und deshalb wird die Lösung beibehalten.

Inzwischen hat das Bewusstsein vielleicht schon eingesehen, dass ein plötzlicher Tränenausbruch nicht die optimale Kommunikationsform ist. In solchen Fällen wird die Verhaltensweise oft als Schwäche oder Fehler bewertet. Das mag in den neuen Kontexten vielleicht sogar berechtigt und richtig sein. Aber wenn man jetzt versucht, diese Schwäche zu bekämpfen und auszumerzen, so stellt man oft einen äußerst mangelhaften oder gar keinen Erfolg fest. Im Gegenteil: Die bekämpfte Gewohnheit wird hartnäckig beibehalten und schlägt immer wieder durch.

Unsere Erfahrung mit vielen solcher Fälle zeigt: Eine Veränderung ist nur dann möglich, wenn die positive Seite der missverstandenen Schwäche erkannt und gewürdigt wird. Erst dann, wenn die *unbewusste positive* Absicht anerkannt wird und in neue Lösungsversuche integriert wird, sind neue Wege wirklich erfolgreich möglich.

Auf den ersten Blick erscheint das für viele ein wenig verrückt. Ein Verhalten wie in unserem Beispiel die Tränenausbrüche sind nicht nur für Außenstehende, sondern auch für den Betroffenen selbst eine kindische Reaktion ohne ernst zu nehmende positive Aspekte. Wie soll man darin etwas Gutes sehen? Noch schwieriger ist dies bei Gewohnheiten, deren Nachteil für Betroffene oder Umgebung noch viel deutlicher ist, wie zum Beispiel Rauchen, Fingernägel knabbern oder übermäßiges Essen.

Wenn man solche Fälle aber genauer untersucht, kommt man immer wieder an den ursprünglichen Nutzen dieser Verhaltensweise für den Betroffenen. Was Rauchen für Vorteile haben kann, hat schon mancher in der Phase gemerkt, in der er damit aufgehört hat. Das kann sein: Gemeinsamkeit in Gesellschaft („Rauchst du auch eine?"), Anknüpfungspunkt für Gespräche („Haben Sie vielleicht mal Feuer für mich?" oder „Darf ich Ihnen Feuer geben?"), Trinkpause, Konferenzpause, Essensersatz. Die Liste könnte nahezu beliebig verlängert werden. Ob die Vorteile die Nachteile tatsächlich aufwiegen, ist allerdings eine berechtigte Frage. Die andere Frage aber ist mindestens genauso berechtigt, welche Alternative denn diese Vorteile überbieten kann.

Fingernägelknabbern ist eine erlaubte Form von Aggression, es hilft das Reden zu unterdrücken, es erweckt eine gewisse Aufmerksamkeit, es macht in einem gewissen Alter einen fast noch kindlichen Eindruck. Wie soll man einen so komplexen, hochwirksamen Eindruck auf seine Umwelt denn anders bewerkstelligen? Gar nicht so einfach. So ein massiver unbewusster Nutzen wird schließlich nicht so ohne weiteres aufgegeben. Unser Organismus gibt ihn erst dann auf, wenn er einen mindestens gleichwertigen Ersatz gefunden hat, der alle Vorteile der alten Lösung sichert.

Der Nutzen von übermäßigem Essen und Übergewicht schließlich ist so erheblich, dass ein Großteil der Bevölkerung trotz (bewusster) gegenteiliger Beteuerungen einfach nicht ohne ihn auskommen mag. Essen ist genussvoll, man tut sich etwas Gutes, fühlt sich sicher und versorgt; der soziale Aspekt ist hier oft noch wichtiger als beim Rauchen – schließlich ist in vielen Familien das gemeinsame Essen neben dem gemeinsamen Fernsehen die einzige Gemeinsamkeit. Und in der Beratungspraxis sind Fälle bekannt, dass zum Beispiel Frauen durch ihr Übergewicht ihre Attraktivität soweit reduziert haben, dass sie dadurch für Dritte weniger reizvoll waren. So waren sie zum Beispiel vor unerwünschter Anmache sicher, sie brauchten gar nicht erst zu lernen, in bestimmten Situationen Nein zu sagen, und die Gefahr von Seitensprüngen war äußerst gering.

Wenn also viele unserer Handlungsweisen und Gewohnheiten so wichtige – wenn auch zum Großteil nicht bewusste – Vorteile für uns haben, so können wir unser Verhalten nur dann auf Dauer ändern, wenn wir diese Vorteile (die „unbewussten Absichten" dieser Verhaltensweisen) auf andere Art und Weise ebenso sicher, einfach und ökonomisch erreichen können.

Sie sehen also: Viele Verhaltensweisen, die Sie auf Anhieb negativ bewerten würden, stellen sich so betrachtet als Leistung dar. Sie zeugen von der Fähigkeit, Probleme angemessen lösen zu können und damit Dinge zu erreichen, die für den Betroffenen sehr wichtig sind.

Eine andere Art von Fähigkeit wollen wir an dieser Stelle auch erwähnen, obwohl sie im ersten Moment vielleicht noch paradoxer erscheint:

Unvermögen ist auch eine Fähigkeit

Viele Leute betrachten es als einen Fehler, dass sie etwas *nicht können*. Aber haben Sie schon einmal überlegt, dass Sie dann etwas ganz Bestimmtes können, nämlich ein „Nicht" können! Stellen Sie sich vor, Sie könnten nicht Schokolade essen. Das heißt doch dann auch, Sie könnten – und das könnten Sie dann wirklich – Schokolade „nicht essen"! Für viele Naschkatzen, Übergewichtige, Diabetiker und andere wäre diese Fähigkeit, Schokolade nicht essen zu können, eine äußerst erstrebenswerte Angelegenheit!

Oder denken Sie an die Unfähigkeit, schreien zu können, einmal als Fähigkeit, nicht schreien zu können: Viele Choleriker hätten dann noch ihren Arbeitsplatz oder ihren Ehepartner und dafür ein paar Probleme weniger.

Jedes Problem ist eine Chance

In diesem Zusammenhang können wir auch gleich noch ein anderes Problem angehen: das Wort „Problem". Denken Sie kurz an ein Problem, das Sie in der letzten Woche hatten. Was war es genau? Mit wem? Wie waren Sie mit sich zufrieden?

Wie hat sich jetzt Ihre Stimmung verändert, während Sie an das Problem dachten? Wenn sie sich verbessert hat, können Sie die nächsten Absätze überschlagen. Wenn sie sich verschlechtert hat, dann lesen Sie erst einmal weiter. Ihre Stimmung wird sich schon bald wieder verändern. Sie haben ja gerade die Erfahrung gemacht, wie schnell Sie Ihre Stimmung allein durch Gedanken ändern können!

Alles hat eine positive Seite

Für die meisten Leute ist schon das Problem ein Auslöser (Anker) für Gefühle wie Mutlosigkeit und Ärger. Man denkt an Schwierigkeiten, die bewältigt werden müssen, und an die damit verbundenen Anstrengungen. Das sind wohl kaum gute Voraussetzungen, um ein Problem zu lösen. Wie aber können wir das ändern?

Betrachten wir das Problem einmal anders. Vielleicht werden Sie sich wundern, wie viele Sichtweisen man finden kann, wenn man die Augen offen hält.

Für den Mathematiker oder den Wissenschaftler ist ein Problem einfach eine Aufgabe, eine Fragestellung, auf die er eine Antwort sucht. Und auf diese Antwort ist er meistens sehr, sehr neugierig.

Für andere ist ein Problem eine Situation, in der sie nicht genau wissen, wie sie vorgehen sollen. Also eine willkommene Gelegenheit zum Experimentieren – wenn ich nicht von vornherein den richtigen Weg kenne, ist einer so gut wie der andere; nach dem ersten Versuch werde ich auf jeden Fall mehr wissen als vorher. Als Kind haben uns Suchspiele und Ratespiele immer viel Spaß gemacht. Warum sollen wir es heute nicht auch so halten, statt uns darüber zu ärgern?

Nennen Sie jetzt das Problem, an das Sie vorhin gedacht haben, einmal anders – eine Aufgabe, eine Lernchance, eine Entscheidungsmöglichkeit, ein Experimentierfeld –, was würde am besten passen? Vielleicht fallen Ihnen noch bessere Umdeutungen ein. Wie verändern sich Ihre Einstellung und Ihr Gefühl dazu, wenn Sie jetzt so darüber nachdenken?

Solche Umdeutungen lassen sich nicht nur für ein Problem finden, sondern auch für zahlreiche andere negativ besetzte Wörter.

Einige Beispiele dazu:

- Ein Misserfolg ist immer auch eine Information darüber, was nicht funktioniert.
- Eine Krise kann ein rechtzeitiger Hinweis auf eine Schwachstelle sein, bevor es zur Katastrophe kommt.
- Jede Schwierigkeit ist eine Chance und Herausforderung, um zu beweisen, was ich kann, oder um neue Fähigkeiten zu erwerben ...

„Ist diese rosarote Brille nicht gefährlich?", könnten Sie jetzt fragen. Geht diese einseitige Betrachtung nicht auf Kosten eines gesunden Realismus, unterschätzen wir dann nicht Gefahren? Diese Gefahr besteht durchaus. Die rosarote Brille ist genauso gefährlich und einseitig wie die schwarze Brille. Sie hat nur einen Vorteil: Sie macht mehr Spaß, sie setzt mehr Energien frei.

Mit der gleichen Anstrengung, mit der wir es uns schwer machen, könnten wir es uns ebenso gut leicht machen. Und die realistische Sichtweise wird erst möglich, wenn wir beide Seiten bewerten. Je mehr Blickwinkel wir finden, je umfassender unsere Sicht des Problems (der Lernchance) ist, desto leichter können wir Ansatzpunkte finden, wie wir weiterkommen.

Die Fähigkeit, umdeuten zu können, hängt entscheidend von Ihrer inneren Einstellung und Bereitschaft ab. Wer an seinem Problem hängt, weil er es kennt und es in gewisser Weise Sicherheit bietet, der wird kaum einen Schritt zurücktreten wollen (und

Alles hat eine positive Seite

können?), um neue Blickwinkel und Ansatzpunkte zu finden.

Kindliche Neugier ist die beste Voraussetzung für Umdeutungen. Hören Sie einmal Kindern aufmerksam zu, und Sie werden überrascht sein, welche neuen Perspektiven sich Ihnen eröffnen.

Ganz wichtig ist die Einstellung zum Umdeuten auch im Umgang mit anderen Menschen. Die meisten Leute sind bereit dazuzulernen, wenn sie die Chance sehen, durch neue Verhaltensweisen erfolgreicher zu sein. Ebenso leisten die meisten aber Widerstand, wenn man sie auf ihre Fehler aufmerksam macht und verlangt, dass sie sich ändern oder etwas verbessern sollen.

Deshalb schlagen wir Ihnen hier gleich eine kleine Übung vor:

> **Vorübung: Umdeuten (I)**
>
> Suchen Sie sich einen Partner, der Lust hat, etwas Neues auszuprobieren. Ideal ist es, wenn Sie diese Übung mit mehreren Leuten (ca. vier bis sechs) machen, weil mehr Köpfe auch mehr Ideen haben. Erklären Sie den anderen kurz das Umdeuten, am besten an einem Beispiel.
>
> Die erste Variante. Sie entdecken in jedem Verhalten die gute Absicht. Etwa: Martina kommt immer zu spät. Die Mitspieler unterstellen jetzt alle möglichen guten Absichten:

- Sie will den anderen diese undankbare Rolle abnehmen.
- Sie hält sich für so unwichtig, dass die anderen sowieso nicht auf sie warten müssen.
- Sie will die anderen nicht so viel Zeit kosten.

Die Vorschläge dürfen – sollen! – ruhig ausgefallen, witzig, ungewöhnlich sein. Die Chance, das Richtige zu treffen, ist viel unwichtiger als die Gelegenheit, zu beobachten, welche überraschenden Wirkungen diese Umdeutungen haben können.

Die zweite Variante: Sie finden zu jedem Verhalten die richtige Gelegenheit, das heißt eine Situation, in der dieses Verhalten das einzig Vernünftige sein dürfte.

Wenn Julia sich beklagt, sie könne nicht Nein sagen, denken natürlich alle erst an die kritischen Situationen, die damit heraufbeschworen werden könnten: Arbeitsüberlastung, Ausnutzung durch andere, Unselbstständigkeit ... Aber jetzt sollen die Mitspieler die Situationen suchen, in denen dieses Verhalten absolut angebracht ist:

- wenn ein Hilfsbedürftiger um etwas bittet,
- wenn sie eine große Chance erhält und sofort nutzt,
- wenn sie eigentlich auch Ja meint.

So bringt abwechselnd immer einer aus der Runde ein Beispiel eines Verhaltens, das ihn an sich selbst oder an anderen stört. Die übrigen Teilnehmer können ihrer Fantasie freien Lauf lassen und Umdeutungen dafür anbieten.

Das Prinzip der Übung: Es gibt keine falschen oder richtigen Umdeutungen. Beobachten Sie Ihren Gesprächspartner genau und finden Sie heraus, worauf er reagiert. Wenn ein Vorschlag keine sichtbare Änderung in seiner Mimik, Gestik oder Körperhaltung bringt, dann vergessen Sie ihn und probieren Sie etwas Neues aus.

Das alles können Sie leichter auslösen und beobachten, wenn Sie nicht viel drumherum reden. Einer der Spieler nennt sein Fehlverhalten, und die anderen sprechen in kurzen, klaren Sätzen die gute Absicht oder die passende Situation an. Oft ist es auch hilfreich, wenn der Spieler den Satz direkt zu einem Mitspieler sagt, der dann darauf antwortet. Manchmal ist auch eine Kunstpause von einigen Sekunden vor dem Umdeutungsangebot äußerst wirksam.

Bei den Treffern werden Sie immer deutliche Veränderungen bei Ihrem Partner sehen: So als sei ihm ein Licht aufgegangen, als sei er sprachlos, weil er an diese Möglichkeit ja noch nie gedacht hat usw. Manche nennen das Gefühl bei einem Treffer Aha-Erlebnis, andere sprechen von einer Mini-Erleuchtung oder von einem Geistesblitz. Oft muss derjenige auch einfach spontan lachen!

Die verschiedenen Seiten unserer Persönlichkeit

Bei dieser Übung entdeckt der Spieler oft eine neue Seite oder einen neuen Teil seiner Persönlichkeit. Diese Theorie von mehreren Teilen der Persönlichkeit findet sich auch schon in der Alltagssprache in vielen Redewendungen: Beim „Kind im Manne" ebenso wie bei „zwei

Seelen in einer Brust", man ist „mit sich uneins" oder fühlt sich „gespalten" oder gar „zerrissen". Probleme tauchen immer dann auf, wenn diese verschiedenen Seiten oder Anteile im Widerspruch zueinander stehen.

Am Beginn dieses Kapitels haben wir beschrieben, dass jedem Verhalten eine positive Absicht zugrunde liegt. Stellen wir uns jetzt vor, dass jeweils ein Teil in uns für eine solche gute Absicht verantwortlich ist und diese Absicht auch unbedingt erreichen möchte. Nun kann es vorkommen, dass das damit verbundene Verhalten nicht gut zum Rest der Person passt. Will man diesen Teil jetzt korrigieren, unterdrücken oder gar loswerden, so wird man nur eines ernten: Widerstand. Denn der Teil weiß ja um seine gute Absicht. Also ist es viel wichtiger, diese gute Absicht ernst zu nehmen und diesen einen Teil Ihrer Persönlichkeit zu einer konstruktiven Zusammenarbeit mit den anderen Teilen zu bewegen.

Oft ist es so, dass der für ein Problemverhalten verantwortliche Teil nur einfach nicht weiß, wie er seine positiven Absichten auf angenehmere Art und Weise erreichen könnte. Manchmal kommt noch hinzu, dass auf dem Weg, auf dem die Absicht realisiert wird, noch ein interessanter Nebeneffekt erreicht wird; Psychologen sprechen dann, wie schon erwähnt, vom „sekundären Gewinn". Gerade diese Nebeneffekte sind weitgehend unbewusst und deshalb einer bewussten Kontrolle gar nicht zugänglich. Um ein alternatives Verhalten zu etablieren, führt der Weg nur über die ursprüngliche gute Absicht verbunden mit der Sicherheit, dass dieser positive Nebeneffekt auch erhalten bleibt. Selten lässt sich eine entsprechende neue

Verhaltensweise „einfach so" finden. Manchmal ist gerade die Verquickung aller Nebeneffekte in der gewohnten Lösung so genial einfach und elegant, dass man fast versucht ist, sie trotz ihrer störenden Auswirkungen zu bewundern.

Gerade darin liegt der Schlüssel zur Lösung. Wenn wir die bisherigen Lösungsversuche all unserer Persönlichkeitsanteile ehrlich schätzen und akzeptieren, ist das die beste Voraussetzung für eine konstruktive Zusammenarbeit mit diesen Teilen für weitergehende Lösungen.

Bleiben wir bei diesem Teilemodell der Persönlichkeit, so können wir bei jedem Menschen einen unschätzbar wichtigen Verbündeten finden, der praktisch nur darauf wartet, sich an neuen Lösungsvorschlägen – gerade wenn sie etwas knifflig sind – zu versuchen. Das ist sein kreativer Teil. Überlegen Sie einmal, wann Ihr kreativer Teil in der letzten Zeit wieder einmal so richtig geglänzt hat mit einer neuen Idee, einem neuen Einfall. Und wenn Sie bei der Suche ein bisschen weiter zurückgehen müssen: Mindestens die Streiche in der Schulzeit geben ein beredtes Zeugnis von dem Einfallsreichtum, den unser kreativer Teil damals schon zur Verfügung gestellt hat.

Eine gute Möglichkeit besteht nun darin, den kreativen Teil eine Reihe von Lösungen vorschlagen zu lassen, die die gute Absicht und den positiven Nebeneffekt garantieren, und dem für das kritische Verhalten verantwortlichen Teil eine – oder besser mehrere – Lösung zum Ausprobieren darbieten. Das hört sich fast an wie eine Problemlösungskonferenz oder eine Parteienverhandlung, und dieses Bild eignet sich tatsächlich gut als Denkmodell für die Einigungen, die hier erreicht werden.

Vielleicht fragen Sie sich nun, wie wir mit diesen Teilen reden können. Sie sind doch eigentlich verschiedene Seiten unserer ungeteilten Persönlichkeit, und wer ist das „Ich", das mit Ihnen reden will? Die Frage ist nur rhetorisch – wir können uns nach einiger Übung mit jeder Seite, die wir an uns entdecken, voll und ganz identifizieren und von ihr aus mit einer anderen Seite reden und umgehen, als wäre sie ein anderer Mensch. Wir werden gleich zu solchen Übungen kommen, wollen aber vorher noch etwas ausführlicher über die einzelnen Aspekte nachdenken, die dabei eine Rolle spielen.

Im Normalzustand identifizieren sich die meisten von uns mit ihrem Bewusstsein. Es ist spannend zu erleben, welche Erfahrungen man machen kann, wenn man mit seinen unbewussten Teilen arbeitet.

Der erste Schritt auf diesem Weg ist überhaupt die Kontaktaufnahme zu dem Teil, der für das Problemverhalten verantwortlich ist. Für einen respektvollen Umgang unseres Bewusstseins mit diesem Teil ist es sehr förderlich, wenn man sich überlegt, welche Stärken und Verdienste dieser Teil hat. Was tut er eigentlich Gutes für mich?

Sie wissen schon: Wenn Sie diesen Teil – wir nennen ihn jetzt der Kürze halber einfach X – für einen Feind oder Dummkopf halten, weil er bei der Verfolgung seiner Absichten unerwünschte Wirkungen erreicht, tun Sie ihm bitter unrecht. Das wäre fast so, als wolle man den Zahnarzt verteufeln, weil er bohrt und Bohren weh tut, denn er tut das Beste, was er für den gegebenen Fall parat hat. Der Zahnarzt hat auch schon Karies und andere mögliche Krankheitsherde entdeckt, bevor uns irgendetwas davon bewusst geworden ist. Genauso hat X seine Aufgabe jahrelang erfolgreich und einzigartig gelöst, höchstwahrscheinlich ohne dass wir es bewusst gemerkt oder die Aufgabe überhaupt gekannt haben. Und wenn wir ihn wegen den unerwünschten Erscheinungen unterdrücken wollten, so hat er sich doch immer wieder durchgesetzt. Einen so widerstandsfähigen, zuverlässigen und unermüdlichen Helfer können wir doch eigentlich nur begrüßen.

Betrachtet man nur das Problem, neigt man dazu, diesen Teil über seine unerwünschten Nebenwirkungen zu diffamieren: Den kettenrauchenden Teil, den zu viel essenden Teil, den zu spät kommenden Teil, den Krawall verursachenden Teil. Kettenrauchen, übermäßiges Essen, Zuspätkommen, Krawall – alle diese Bezeichnungen haben schon eine negative Bewertung in sich. Geht es nicht auch anders?

Mit unserer Benennung „X" haben wir schon einen ersten Versuch gemacht, eine neutrale Bezeichnung zu wählen. Als nächstes könnten wir X neu benennen, und zwar diesmal wertfrei: Rauchender Teil, essender Teil, Zeit beanspruchender Teil, etwas laut äußernder Teil – das klingt doch schon ganz anders.

Wir können dabei noch einen Schritt weiterdenken. Wir wissen schon, dass X eine gute Absicht für uns verfolgt. Warum sollen wir ihn nicht mit diesem positiven Ziel benennen? Vielleicht lernen wir einen behaglichen Teil kennen, einen Sicherheit versprechenden, einen Ruhe vermittelnden und einen kraftspendenden Teil. Dieser Schritt ist natürlich umso sinnvoller, je besser wir die gute Absicht von X kennen.

Und das ist ja nicht von vornherein gegeben. Aber das Gedankenspiel erleichtert es, X positiv anzureden statt ihn mit Schimpfnamen zu belegen, auf die niemand bereitwillig antworten würde. Leute, die ihren inneren Schweinehund bekämpfen wollen, können sich auf einen langen Kampf einstellen. Und wer verliert dabei? Warum sollten wir nicht eine partnerschaftliche Kooperation mit ihm anstreben, wenn er doch sowieso ein Teil von uns ist? So können beide Seiten dazugewinnen.

Wenn wir einmal herausgefunden haben, wie X anzusprechen ist, können wir noch dafür sorgen, einen passenden Rahmen für unser Gespräch zu finden. Eine wichtige Konferenz werden Sie auch nicht gerade auf dem Bahnsteig abhalten, und mit einem neuen Freund werden Sie nicht zwischen Tür und Angel diskutieren.

Sicher kennen Sie Situationen, in denen Sie so intensiv überlegen, dass Sie ganz geistesabwesend wirken. Das ist eigentlich ein deutliches Anzeichen, dass Sie solche inneren Dialoge führen können und schon öfter geführt haben. Genau diese Konzentration nach Innen ist auch die richtige Ausgangslage für ein Gespräch mit X. Dem einen hilft es, wenn er sich dazu auf seinen Lieblingssessel zurückzieht, der andere geht dazu in den Park und setzt sich auf eine Bank, der Dritte legt sich auf den Liegestuhl – im Allgemeinen wird Entspannung als unterstützend erlebt. Nennen Sie diesen Zustand Nachdenken, Konzentration, Meditation, Trance oder Tagtraum, der Name spielt keine Rolle. Wichtig ist, dass Sie nach einiger Zeit und einigen Versuchen herausfinden, wie Sie am einfachsten in Kontakt mit Ihren unbewussten Teilen kommen. Erinnern Sie sich, wie man gezielt Anker setzen kann, die einen bestimmten Zustand unterstützen oder auslösen? Entsprechend können Sie alle Ihre Gespräche mit Ihren inneren Teilen an einem bestimmten Platz, in einer bestimmten Haltung, mit einer bestimmten Musik ankern. Für die meisten Leute ist es am einfachsten, wenn sie die Augen geschlossen halten, andere schauen in ein Kerzenlicht oder einfach vor sich hin auf einen Punkt an der Wand. Wie auch immer Sie das machen wollen – es ist der richtige Weg, *Ihre* Erfahrungen zu machen.

Und um Ihre Erfahrung zu machen, suchen Sie nun eine Verhaltensweise aus, die Sie schon seit langem bei sich kritisieren, ohne sie verändern zu können. Wenn es ein Verhalten ist, das schon sehr stark zur Gewohnheit geworden ist, werden Sie es nach der ersten Übung wohl nicht radikal verändern; aber auch bei einem solchen Beispiel lohnt es sich, den entsprechenden Teil kennenzulernen. Suchen Sie sich den richtigen Platz und die richtige Zeit für die nächste Übung aus, um mit dem verantwortlichen Teil Kontakt aufzunehmen. Sie sollten ihm und sich schon eine angenehme Atmosphäre und etwas Ruhe gönnen.

Lesen Sie sich die Übung zuerst ganz durch. Schreiben Sie sich dann die einzelnen Fragen auf Zettel, die Sie nacheinander während der Übung leicht lesen können, ohne im Buch suchen zu müssen. Oder sprechen Sie die Fragen auf Tonband, lassen es dann ablaufen und halten es nach jeder Frage an, bis Sie mit der Antwort zufrieden sind. Oder lassen Sie sich von einem Freund oder einer Freundin helfen, der/die die Fragen vorliest und abwartet, bis Sie ihm/ihr ein kleines Fingerzeichen für die nächste Frage geben. Die

Antworten brauchen Sie ihm natürlich nicht laut zu sagen, auch wenn er/sie neugierig ist.

Übung: Umdeuten (II) – neue Lösungen

Nehmen Sie sich Zeit, entspannen Sie sich. Denken Sie an eine bestimmte Verhaltensweise, mit der Sie sich beschäftigen wollen. Konzentrieren Sie sich auf sich selbst. Denken Sie daran, dass ein Teil von Ihnen, den Sie jetzt noch nicht kennen, mit diesem Verhalten irgendetwas Positives für Sie bezweckt. Mit diesem Teil können Sie in dieser Übung Kontakt aufnehmen. Vielleicht ähnelt das einer Situation, in der Sie sich mit jemand unterhalten, mit dem Sie noch nie zuvor gesprochen haben – auf alle Fälle können Sie dadurch einige Neuigkeiten erfahren.

1. Fragen Sie den Teil X, ob er bereit ist, mit Ihnen zu sprechen.
Nennen wir den Teil in Ihnen, der für das unerwünschte Verhalten verantwortlich ist, Teil X. Sprechen Sie nun diesen Teil direkt an. Wichtig ist, dass Sie direkt und ganz konkret mit ihm reden – es kann sein, dass er Andeutungen und indirekte Ausdrucksweisen schlecht versteht. Sagen Sie zum Beispiel: „Hallo Teil X, ich möchte gern mit dir sprechen. Bist du einverstanden und bereit, mit mir Kontakt aufzunehmen?" Denken Sie daran, dass unbewusste Teile die Sprache manchmal sehr wörtlich nehmen. Wenn Sie hier nur sagen, dass Sie mit ihm reden wollen, wird er vielleicht keine Veranlassung sehen, darauf zu antworten. Das Unbewusste lässt sich nicht gerne auf nur eine Reaktionsform festlegen.

Seien Sie offen für die Art und Weise, wie der Teil antworten wird. Es ist recht unwahrscheinlich, dass er eine wohlgesetzte Rede halten wird wie „Guten Tag, hier bin ich – was kann ich für dich tun?" Die Antwort kann aus Bildern, Gedanken oder Gefühlen bestehen. Achten Sie auf Ihre innere Wahrnehmung, viele Zeichen sind möglich. Oft sind recht ungewohnte Reaktionen die Antwort: Eine Farbempfindung, ein undeutliches Bild, ein Summen im Ohr, ein Ziehen im großen Zeh, ein leichtes Flattern der Augenlider ...
Wenn Sie sich noch nicht sicher sind, ob es wirklich der Teil X war, der sich da gemeldet hat, entschuldigen Sie sich bei ihm für Ihre Unwissenheit und bitten ihn, sein Zeichen zu wiederholen. Wenn er Ihnen schon einmal geantwortet hat, wird er sein Zeichen in aller Regel gerne wiederholen – wenn Sie höflich und respektvoll mit ihm umgehen. Akzeptieren Sie seine Sprache; er hat ja auch Ihre Anrede akzeptiert, obwohl sie vielleicht auch nicht gerade die gewöhnliche Kommunikationsform für ihn ist.
Bedanken Sie sich dann erst einmal für seine Bereitschaft, mit Ihnen Verbindung aufzunehmen. Nach allem, was Sie ihm vielleicht bisher unterstellt oder gar gegen ihn unternommen haben, ist es schon beachtlich, dass er sich zum Gespräch bereit zeigt. Jedenfalls ist es nicht selbstverständlich.
Merken Sie sich die Art und Weise, wie sich Ihr Gesprächspartner gemeldet hat. Er wird sie vermutlich noch öfter benutzen, um Ihnen seine Zustimmung zu signalisieren.

2. *Fragen Sie ihn nach seiner guten Absicht, die er mit dem Verhalten X erreichen will.*
Erklären Sie ihm, dass Sie davon ausgehen, dass er Gutes für Sie will und dass Sie das anerkennen und respektieren. Er ist ja schließlich ein Teil von Ihnen. Nur ist Ihnen bis jetzt noch nicht so recht klar, was denn seine positive Absicht eigentlich ist. Fragen Sie ihn danach und achten Sie wieder auf Ihre innere Wahrnehmung. Die Antwort kann ähnlich wie zuvor, aber auch ganz anders ausfallen: Bilder, Töne, Sätze, Geräuschempfindungen, Gefühle oder ein neuer Geruch oder Geschmack sind möglich.
Vielleicht haben Sie auch den Eindruck, keine klare, eindeutige Antwort zu bekommen – obwohl Sie mit dem Teil X in Kontakt sind. Das ist immer dann der Fall, wenn der Teil glaubt, dass der Inhalt seiner guten Absicht im Unterbewusstsein besser aufgehoben ist. Das Bewusstsein muss ja nicht alles wissen – erinnern Sie sich nur an das erste Kapitel zurück! Fragen Sie dann den Teil X nur, ob er eine gute Absicht hat und sich darüber im Klaren ist. Wenn Sie hier wieder ein Ja als Antwort erhalten wie in Schritt 1, reicht das völlig aus. Sie können dann gleich zu Schritt 3 weitergehen.
Wenn Ihnen die positive Absicht bewusst wurde, können sich Vorahnungen bestätigt haben. Vielleicht sind Sie auch völlig überrascht von dem, was dieser Teil da für Sie tut. In jedem Fall können Sie den Teil X nun bei seinem richtigen Namen nennen: Zum Beispiel beschützender, aktiver oder Erholung suchender Teil ... je nachdem, was seine gute Absicht ist. (Wir bleiben in den nächsten Schritten der

Einfachheit halber bei Teil X; benutzen Sie aber bitte den neuen, positiven Namen.)
Sagen Sie dem Teil X, dass Sie mit der Art, wie er seine gute Absicht umsetzt, Schwierigkeiten haben. Bitten Sie ihn, Sie beim Suchen neuer Wege zu unterstützen.

3. *Lassen Sie Ihren kreativen Teil neue Wege finden.*
Bei der Suche nach neuen Lösungen haben Sie einen sehr guten Helfer: Den kreativen, einfallsreichen, erfinderischen Teil in Ihnen. Ihn braucht man meist nicht lange um Mithilfe zu bitten, weil ihm das sowieso viel Spaß macht. Es genügt schon, wenn Sie sich an eine Gelegenheit erinnern, bei der Sie voller Ideen waren, kreativ und mit Lust und Laune bei der Sache. Da hat Ihnen auch Ihr kreativer Teil geholfen und mithilfe dieser Erinnerung können Sie auch jetzt mit ihm in Kontakt treten.

Übrigens – es kann gut sein, dass sich auch Ihr Körpergefühl, Ihre Haltung oder Atmung verändert, während Sie an Ihren kreativen Teil denken. Das ist ein weiteres Zeichen dafür, dass Sie mit ihm schon in Verbindung stehen.

Bitten Sie nun den kreativen Teil, sich mit dem Teil X zusammenzuschließen. Er soll mindestens drei neue Möglichkeiten finden, wie die gute Absicht von X auf andere Art und Weise erreicht werden kann – ohne den negativen Anteil des Verhaltens X. Diese neuen Wege sollen genauso wirksam und hilfreich sein wie X und genauso leicht anzuwenden. Außerdem sollen sie für alle Beteiligten sinnvoll und angemessen sein. Das liest sich vielleicht schwierig, ist aber für den kreativen Teil eine ganz leichte Sache, denn seine Spezialität ist es, viele neue Ideen zu haben.

Wenn Ihnen die neuen Wege nicht bewusst zugänglich sind, bitten Sie die beiden wieder um ein Zeichen für jede Lösung. Oft ist es übrigens das Ja, das Sie von Teil X schon kennen, vielleicht lässt sich Ihr kreativer Teil aber auch etwas ganz anderes einfallen, um Sie zu informieren.

Am Ende bedanken Sie sich bei Ihrem kreativen Teil. Er ist meist sehr kontaktfreudig und freut sich über solche Zuwendung.

4. *Fragen Sie Teil X, ob er mit den neuen Vorschlägen einverstanden ist.*

Sagen Sie Teil X auf jeden Fall, dass er seine alte Lösung X beibehalten und immer darauf zurückgreifen kann, wenn er es für nötig hält. Fragen Sie ihn dann, ob er jetzt bereit ist, die neuen Möglichkeiten auszuprobieren und in der nächsten Zeit anzuwenden.

Wenn er zustimmt, gehen Sie gleich zu Schritt 5 weiter. Wenn nicht, fragen Sie ihn, unter welchen Bedingungen er bereit wäre, das zu tun. Vielleicht muss die eine oder andere Lösung noch etwas verändert werden. Bitten Sie den kreativen Teil, X dabei zu helfen. Optimieren Sie die Lösung durch Feinarbeit so lange, bis Sie von X eine klare Zusage erhalten, dass er die neuen Lösungen ausprobieren wird.

Wenn Sie dieses Zeichen nicht bekommen, verhalten Sie sich wie bei jedem anderen Gespräch auch. Vielleicht ist es Ihrem Gesprächspartner im Moment zu viel und er braucht eine Pause oder Bedenkzeit. Vereinbaren Sie also mit X einen Zeitpunkt, an dem Sie das Gespräch fortsetzen. (X kann sich in der Zwischenzeit mit dem kreativen Teil weiter beraten – das geht oft besonders gut, wenn der Teil, der für Ihre Träume zuständig ist, dabei mithilft. Dann können sich nämlich alle „unbewussten Beteiligten" sicher fühlen, dass sie vom Bewusstsein nicht etwa belauscht oder gar überrumpelt werden ...)

5. *Fragen Sie: „Gibt es Teile, die Einwände gegen die neuen Wege haben?"*

Manchmal kommt es vor, dass noch ein dritter Teil von der alten Lösung X profitiert hat und deshalb mit den neuen Lösungen nicht einverstanden ist. Oder ein anderer Teil fühlt sich von den neuen Lösungen bedroht und wehrt sich. Wenn Sie fragen, meldet sich jeder dieser Teile, die etwas einzuwenden haben, auf irgendeine Art und Weise. Wichtig ist, dass Sie wirklich ganz aufmerksam sind für diese Botschaften. Sonst würde der betroffene Teil, der nicht gehört wurde, die neuen Wege ja mit allen Mitteln boykottieren.

Danken Sie also diesen Teilen für ihre Einwände; jeder von ihnen hat auch seine gute Absicht. Finden Sie diese Absicht heraus (Schritt 2) und beziehen Sie dann auch diesen neuen Teil in das Gespräch zwischen Teil X und dem kreativen Teil mit ein. Sie sollen zu dritt die drei neuen Wege entsprechend

(Wenn hier mehrere Teile Einwände erheben, bitten Sie alle zu einer Konferenz. Wir werden darauf im nächsten Abschnitt ausführlich eingehen.)
Es kann durchaus sein, dass sich an dieser Stelle keine Einwände melden und dass X schon zugestimmt hat. Dann können Sie sich schon im Voraus auf den Erfolg der neuen Lösungswege freuen. Dabei ist es nicht entscheidend, ob Ihr Bewusstsein deren genauen Inhalt kennt. Entscheidend ist, dass die neuen Wege erfolgreich sind und dass die alte störende Verhaltensweise nun nicht mehr notwendig ist. Die unbewusste Absicht wird jetzt auf neue Art und Weise verwirklicht, sodass es für Sie und andere Beteiligte hilfreich und sinnvoll ist.

6. *Stellen Sie sich lebhaft vor, wie schön es sein wird, die neuen Lösungen zu erleben.*
Erlauben Sie sich einen „Tagtraum", eine „innere Reise" ... Wie werden die neuen Möglichkeiten aussehen? Wie werden sie sich anfühlen? Was werden Sie oder andere sagen, wenn Sie wieder in eine Situation kommen, die früher regelmäßig zum Verhalten X geführt hat und die jetzt auf völlig neue – und überraschende – Weise gemeistert wird?
Bleiben Sie bei dieser Fantasie, solange es Ihnen Spaß macht. Dann beenden Sie die Übung – vielleicht mit einem Gefühl, als seien Sie soeben aus einem angenehmen Traum erwacht ...?

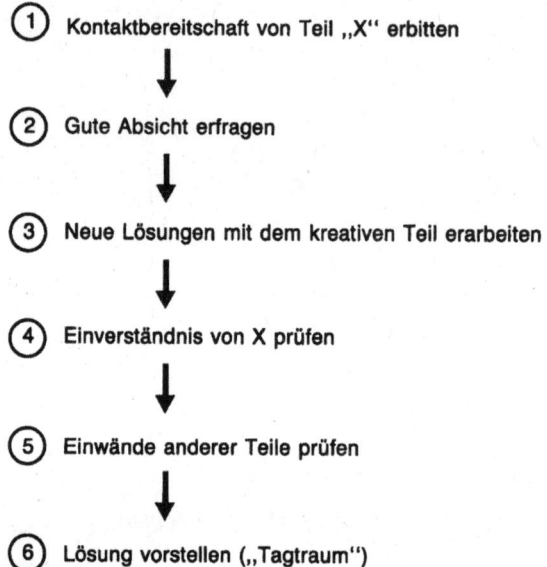

Interne Problemlösungskonferenz

Wie schon gesagt, ist es nicht immer so, dass genau ein Teil für ein bestimmtes Verhalten verantwortlich ist. Manchmal sind sogar mehrere Teile im Spiel, und es wäre etwas schwierig, immer mit einem zu verhandeln und dann die Einwände der anderen wieder aufzuarbeiten, dann zum nächsten zu gehen und dessen Interessen zu bearbeiten, nun die Einwände der anderen hierzu zu klären – besser ist es dann, Sie holen alle Beteiligten an einen Tisch. Diese Möglichkeit können

Sie auch dann anwenden, wenn in der zuletzt beschriebenen Übung zu viele Teile Einwände erheben. Besonders wichtig ist die Konferenzlösung immer dann, wenn zwei oder mehrere Teile verschiedene gute Absichten haben, die sich in gewisser Weise zu widersprechen scheinen. Ein solcher Konflikt ist nur unter Berücksichtigung aller Betroffenen zu lösen.

Übung: Umdeuten (III) – Verhandlung

Gehen Sie zu Beginn genauso vor wie bei der letzten Übung:

1. *Nehmen Sie Kontakt zu Teil X auf, der für das Verhalten verantwortlich ist.*
   - Fragen Sie nach seiner positiven Absicht.
   - Fragen Sie, durch wen oder was er sich dabei gestört fühlt.

2. *Nehmen Sie zu dem störenden Teil Y Kontakt auf.*
   - Fragen Sie nach seiner positiven Absicht.
   - Fragen Sie ihn, ob er sich seinerseits von X gestört fühlt.
   - Wenn nicht, können Sie mit diesem Teil Y und der Unterstützung des kreativen Teils wie in der letzten Übung einfach neue Alternativen entwickeln, die X nicht beeinträchtigen.
   - Wenn ja, dann fragen Sie ihn, ob er bereit wäre, Teil X ungestört wirken zu lassen, wenn dieser ihn umgekehrt nicht stört.
   - Wenn nicht, lassen sich vielleicht Bedingungen ermitteln, die eine Zustimmung möglich machen? Bejaht er dies, geht es weiter:

3. Fragen Sie X, ob er bereit wäre, Teil Y ungestört wirken zu lassen, wenn dieser ihn umgekehrt nicht stört.
Weisen Sie darauf hin, dass Y schon zugestimmt hat. Informieren Sie ihn gegebenenfalls über die Bedingungen und fragen Sie umgekehrt nach seinen Bedingungen, wenn er nicht gleich zustimmen will.

4. Fragen Sie nacheinander jeden Teil, ob er bereit ist, sich für eine bestimmte Zeit an dieses neue Abkommen zu halten.
Wenn ein Teil dies nicht bestätigt, fragen Sie ihn, ob er noch zusätzliche Bedingungen hat, und gehen nochmals zurück zu Stufe 2 und 3. Bitten Sie nötigenfalls den kreativen Teil um Mithilfe.

5. Fragen Sie: „Gibt es Teile, die Einwände gegen dieses Abkommen haben?"
Auch hier könnte es sein, dass noch ein dritter Teil von der alten Lösung profitiert hat und deshalb mit den neuen Lösungen nicht einverstanden ist. Oder ein anderer Teil fühlt sich von der neuen Lösung bedroht und wehrt sich. Wenn Sie fragen, meldet sich jeder dieser Teile, die etwas einzuwenden haben, auf irgendeine Art und Weise. Wichtig ist, dass Sie wirklich ganz aufmerksam sind für diese Botschaften.
Danken Sie diesen Teilen für ihre Einwände; jeder von ihnen hat auch seine gute Absicht. Finden Sie diese Absicht heraus (Schritt 2) und beziehen Sie dann auch diesen neuen Teil in das Gespräch zwischen Teil X und kreativem Teil mit ein. Sie sollten die neuen Wege entsprechend ändern, sodass alle einverstanden sind.

Gerade für diese umfangreicheren Konferenzen gibt es einen Ort und eine Zeit, die besonders gut zur Organisation und Durchführung geeignet ist; das sind unsere Träume. Wir können unseren träumenden Teil bitten, dass er die Organisation übernimmt. Außerdem können wir fragen, welcher Teil die Verantwortung übernehmen möchte, dass die Konferenz durchgeführt und die Lösungsvorschläge umgesetzt werden. Für alle Beteiligten können Sie wieder die Schutzregel einbauen: Wer nicht zufrieden ist, kann weiter nach der alten, gewohnten Art und Weise vorgehen – es wird also nie schwieriger werden, als es vorher war.

Es kann durchaus sein, dass sich an dieser Stelle keine Einwände gemeldet haben. Dann können Sie sich wieder im Voraus auf den Erfolg der neuen Lösungswege freuen. Dazu braucht Ihr Bewusstsein deren genauen Inhalt nicht zu kennen. Gerade wenn eine Verhandlung im Traum bearbeitet wird, ist das Bewusstsein meistens nicht daran beteiligt. Entscheidend ist, dass die neuen Wege erfolgreich sind und dass die alte störende Verhaltensweise nun nicht mehr notwendig ist. Die unbewusste Absicht wird jetzt auf neue Art und Weise verwirklicht, sodass sie für Sie und andere Beteiligte hilfreich und sinnvoll ist.

6. *Stellen Sie sich lebhaft vor, wie schön es sein wird, die neuen Lösungen zu erleben.*
Erlauben Sie sich einen „Tagtraum", eine „innere Reise"... Wie werden die neuen Möglichkeiten aussehen? Wie werden sie sich anfühlen? Was werden Sie oder andere sagen, wenn Sie wieder in eine Situation kommen, die früher regelmäßig zum Verhalten X geführt hat und die jetzt auf völlig neue – und überraschende – Weise gemeistert wird?
Bleiben Sie bei dieser Fantasie, solange es Ihnen Spaß macht. Dann beenden Sie die Übung – vielleicht mit einem Gefühl, als seien Sie soeben aus einem angenehmen Traum erwacht ...?

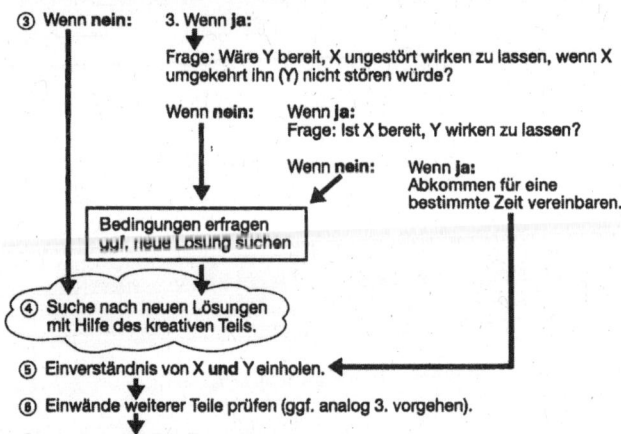

Zusammenfassung
Umdeuten (III) – Verhandlung

① Kontakt zum Teil „X" erbitten. Positive Absicht dieses Teils erfragen.
Frage: Durch wen / was fühlt er sich dabei gestört?

② Kontakt zum Teil „Y" erbitten, der für das „störende" Verhalten verantwortlich ist.
Positive Absicht dieses Teils erfragen. Frage: Ist Y seinerseits von X gestört?

③ Wenn nein: 3. Wenn ja:
Frage: Wäre Y bereit, X ungestört wirken zu lassen, wenn X umgekehrt ihn (Y) nicht stören würde?

Wenn nein: Wenn ja:
Frage: Ist X bereit, Y wirken zu lassen?

Wenn nein: Wenn ja:
Abkommen für eine bestimmte Zeit vereinbaren.

Bedingungen erfragen ggf. neue Lösung suchen

④ Suche nach neuen Lösungen mit Hilfe des kreativen Teils.

⑤ Einverständnis von X und Y einholen.

⑥ Einwände weiterer Teile prüfen (ggf. analog 3. vorgehen).

⑦ Lösung vorstellen (Tagtraum).

6. Kapitel

Positiv denken – positiv leben oder: Wie man Ziele erreichbar macht

Positives Denken

Machen wir einmal ein Experiment:

Bitte denken Sie *nicht* an einen rosa Elefanten!

Danke für den Versuch. Ist er Ihnen gelungen? Wenn nicht, machen Sie sich nichts daraus, das ist völlig normal, wie Sie gleich sehen werden. Sie haben es doch geschafft? Dann gratulieren wir Ihnen. Aber – an was haben Sie dann gedacht? An einen grauen, weißen, schwarzen oder einen anderen Elefanten? Oder an ein rosa Himmelbett – rosa Bonbons – rosarote Sonnenbrillen? Oder an etwas ganz anderes?
Genau – das ist es: Wir können nicht an etwas *nicht* denken. Wenn wir das versuchen, denken wir trotzdem daran, wenigstens an den einen oder anderen Aspekt („rosa" oder „Elefant"). Oder wir denken an etwas anderes; aber das ist eben genauso wenig nichts, sondern etwas Bestimmtes (wenn auch etwas anderes als ein rosa Elefant in diesem Beispiel).
Ist das Wortklauberei? Sinnloses Philosophieren? Ja und nein. Natürlich werden hier Wörter wörtlich genommen, aber es ist eben nicht nur Wortklauberei. Natürlich ist ein bisschen Philosophie dabei, aber die ist sehr sinnvoll.
Kennen Sie die Frage nach dem halb eingeschenkten Weinglas? Ist es halb voll oder halb leer? Bevor Sie weiterlesen, entscheiden Sie sich: Wie würden Sie das Glas nennen?
Wenn Sie denken „halb voll", haben Sie sicher Ihr Interesse auf den Wein gerichtet, der im Glas ist. Diesen Wein gibt es wirklich, also haben Sie Ihre

Aufmerksamkeit auf etwas gerichtet, das vorhanden ist und von dem Sie etwas haben können.

Wenn Sie sagen „halb leer", haben Sie auch Ihr Interesse auf den Wein gerichtet, aber auf den, den es leider nicht gibt. Schade. Es sei denn, Sie denken: Das Glas ist *noch* halb leer, es ist Platz für weiteren Wein, den es noch geben soll. Aber damit denken Sie bereits an etwas, das es noch nicht gibt, das in der Realität nicht vorhanden ist.

Sie sehen, wir wollen nicht die platte Zuordnung nachvollziehen: Wer „halb voll" sagt, ist ein Optimist, wer „halb leer" sagt, ist ein Pessimist. Wir wollen nur Ihre Aufmerksamkeit darauf lenken, dass die sprachliche Ausdrucksweise zeigt, wie wir denken. Und wie wir denken, so bereiten wir uns auf die Wahrnehmung der Welt draußen vor, und wie wir unsere Umwelt wahrnehmen, so reagieren wir, und wie wir reagieren, so steuern wir unsere Erfolge – oder Misserfolge.

Wie kommt das? Es lässt sich am besten erklären, wenn wir die Funktionsweise unseres Gehirns einmal genauer betrachten. Unser Gehirn ist ein außerordentlich vielseitiges Organ und es erledigt viele Dinge in einer komplexen Zusammenarbeit verschiedener Bereiche. So ist heutzutage bekannt, dass die rechte Gehirnhälfte zuständig ist für Bilder und ganzheitliches (analoges) Wahrnehmen und Denken. In der linken Hälfte ist bei Rechtshändern – das Sprachzentrum angelegt. Es kann Dinge kommentieren und darüber sprechen, zum Beispiel auch darüber, dass Dinge nicht vorhanden sind.

Nehmen wir als Beispiel ein Schild für Rauchverbot: Auf solchen Schildern ist eine brennende Zigarette zu sehen, die durchgestrichen ist. Das Bild – die Zigarette – wird durch ein Zeichen kommentiert: durchgestrichen bedeutet nein.

Das führt zu einer bemerkenswerten Folgerung: Wenn wir etwas nicht wollen, müssen wir erst einmal daran denken. Wenn wir etwas negieren, müssen wir es erst benennen. Und indem wir es benennen, haben wir zumindest den Gedanken daran ausgelöst. Viele Väter und Mütter machen mit dieser Tatsache leidvolle Erfahrungen. In dem Moment, wo sie dem Kind zurufen: „Gib Acht, dass du nicht fällst!", ist es schon passiert: Das Kind fällt hin.

Die Erklärung dafür: Die ganzheitliche rechte Gehirnhälfte arbeitet viel direkter, unmittelbarer und weitgehend unbewusst mit dem Verhalten zusammen als die reflektierende, überlegende, kommentierende linke Hemisphäre. Während wir schon darüber nachdenken, dass wir irgendetwas falsch machen, tun wir es weiter und weiter und weiter – die Bilder unserer rechten Gehirnhälfte sind wesentlich verlockender als die verbietenden Kommentare der linken.

Verbietende Kommentare haben einfach auch den Nachteil, dass sie nicht angeben, welche Alternative statt des Verbotenen denn erlaubt und erwünscht ist. Doch nur positive Zielvorstellungen können das Verhalten entscheidend beeinflussen.

Der Wunsch ist der Vater des Gedankens, sagt der Volksmund; aber der Gedanke ist der Vater der Verwirklichung. Und was wir denken, wirkt, und was lange wirkt, wird Wirklichkeit. Wer immer nur Angst vor Kopfschmerzen hat, bekommt bestimmt welche; je öfter ich an einen Versprecher denke, desto leichter rutscht er mir heraus.

Was macht nun den Unterschied zwischen positiven und negativen Formulierungen aus?

Negativ bedeutet zum einen das Fehlen von etwas. Zur zweiten Bedeutung – schlecht, falsch, schädlich – kommen wir später noch. „Negativ denken" kann also völlig wertfrei heißen, dass wir an das denken, was wir *nicht wollen*, und an das *nicht denken*, was wir eigentlich wollen.

Stellen Sie sich vor, ein Raucher sagt: „Ich will nicht mehr rauchen." Fragen Sie ihn einmal, was er denn will, anstatt zu rauchen. Welche Antwort erwarten Sie? Vielleicht ist der Raucher selbst erstaunt, denn darüber, was er eigentlich will, hat er sich noch gar keine Gedanken gemacht.

Wer nicht weiß, wo er hinwill, braucht sich nicht wundern, wenn er ganz woanders ankommt, sagt ein Pfadfinderspruch. Wer nicht weiß, was er will, braucht sich nicht zu wundern, wenn er etwas ganz anderes bekommt. Dass unser Interesse unsere Wahrnehmung steuert, ist fast schon banal. Das wirkt sich soweit aus, dass zum Beispiel Hungrige eher Essen entdecken als Satte. Damit unser Unterbewusstsein aber unsere Wahrnehmung und unser Handeln steuern kann, muss es wissen, worauf es sie ausrichten soll.

Dabei kann es durchaus vorkommen, dass das Unbewusste durch die Einmischung des Bewusstseins irritiert und verwirrt wird. Ein leider nicht schöner, aber überzeugender Vergleich sind die bewussten Eingriffe des Menschen in seine natürliche Umwelt, die an vielen Stellen Gleichgewicht und Wirkungskreise, derer sich der Mensch anfänglich nicht ausreichend bewusst war, gestört haben. Wenn unser Bewusstsein dem Unbewussten Hinweise geben soll, so müssen wir darauf achten, das empfindliche Gleichgewicht aller unserer Lebensfunktionen – bewusst oder unbewusst – immer wieder neu auszubalancieren. Wenn wir es richtig angehen, wird unser Unbewusstes das reibungslos und vollständig übernehmen können. Wir brauchen nur ein paar Regeln dabei zu beachten.

Wie denkt man positiv?

Das positive Denken wird in vielen Büchern und Seminaren propagiert. Viele dieser Ratgeber beschränken sich allerdings auf den guten Rat: „Denk positiv!" Wie man das aber eigentlich macht, wird nur bruchstückhaft oder gar nicht behandelt. Das Problem dabei ist ja, dass jeder *anders* denkt.

Wie wir in den ersten Kapiteln beschrieben haben, denkt der eine eher in Bildern, der andere eher in Worten, Sätzen oder Tönen, der Dritte mehr in Gefühlen. Wenn man dann bei einem der amerikanischen Gurus Sätze liest wie „Und dann gab ich meinem Patienten den Satz ..." fragt man sich: Was aber nun, wenn der Patient gar nicht so sehr in Sätzen denkt, sondern zum Beispiel in Bildern?

Zum Glück wissen wir inzwischen mehr darüber, wie positives Denken so gestaltet werden kann, dass es den Denkweisen der verschiedensten Menschen gerecht wird. Dabei geht es gar nicht darum, ob jemand irgendeinen Sinneskanal bevorzugt: Im Sinne eines ganzheitlichen Erlebens ist es ohnehin am besten, wenn der Wunsch, das Ziel oder der interessante Gedanke mit möglichst allen Sinnen gleichzeitig lebendig erlebt wird. Eine wirkliche, intensiv erlebte Situation zeichnet sich ja auch dadurch aus, dass wir sie mit allen unseren Sinnen wahrnehmen.

Ein guter Wein schmeckt auf dem Weinfest mit angenehmer Musik, Schunkeln und Tanz eben doch

anders als in einem eleganten Weinlokal mit gedämpfter Unterhaltung an einem stillen Seitentisch in der Nische. Der objektive Geschmack des Weines ist zwar derselbe – aber aufgrund der verschiedensten Eindrücke der Umgebung ist die Wahrnehmung eine andere.
Vorstellungen sind deshalb umso lebendiger, wirklicher und *wirk*samer, je mehr Sinne dabei aktiviert sind. Nicht zuletzt deshalb ist das Fernsehen in unseren Tagen eines der erfolgreichsten Medien. Es bietet Bild und Ton in unserer vertrauten Umgebung mit unserer gewohnten Gemütlichkeit, und wir können in Ruhe unser Bier dabei trinken und belegte Brote essen oder Salzstangen knabbern.

Denken mit allen Sinnen

Wenn wir also einen positiven Gedanken mit der ganzen Kraft unseres Geistes „denken" wollen, so gehören alle diese Sinneseindrücke dazu:

Sehen:

- Wie sieht meine Vorstellung genau aus? Wie sehe ich aus? Wie werde ich von anderen gesehen, was sehe ich selbst?
- Kann ich die Vorstellung noch stärker werden lassen, wenn sie farbiger, klarer, heller wird?
- Sehe ich ein Bild oder einen Film? Wenn es ein Standbild ist – kann ich Bewegung hineinbringen?

- Schaue ich von außen zu oder kann ich mich in das Bild oder den Film hineinversetzen und es/ihn aktiv erleben?

Hören:

- Was höre ich? Töne, Geräusche, Musik? Redet jemand? Was sagt er? Was sage ich? Wie hört sich das an?
- Sind die Vorstellungen lebhafter, wenn die Töne lauter, heller, der Rhythmus schneller oder langsamer, die Tonlage höher oder tiefer ist?

Fühlen:

- Wie fühle ich mich dabei?
- Was spüre ich in mir, in meiner Vorstellung: Temperatur, Spannung, Bewegungsimpulse, Berührungen ...?
- Wo und wie spüre ich das?

Geruch:

- Spielt ein bestimmter Geruch in der Vorstellung eine Rolle? Wenn Sie zum Beispiel mehr Sport treiben wollen und sich Jogging im Wald vorstellen, stellen Sie sich auch vor, wie die Luft dort riecht, die Bäume, das Laub ... Achten Sie auf die Veränderung des Körpergeruchs, wenn Sie warmgelaufen sind und zu schwitzen beginnen. Beim Segeln würden Sie den Wind und das Salzwasser riechen, das Holz und die Farbe des Bootes (wenn es nicht aus Kunststoff ist).

- Gerade Gerüche spielen für unser Unterbewusstsein eine viel größere Rolle als für unser Bewusstsein!

Geschmack:

- Wenn Sie zum Beispiel mit dem Rauchen aufgehört haben, ist das Neuentdecken Ihrer Geschmackserlebnisse ein wahres Ereignis. Beim Segeln – siehe das letzte Beispiel – können Sie das Salz der See schmecken, beim Tauchen das Mundstück des Atemgeräts. Wenn es um ein Ziel im Zusammenhang mit Essen (und seinen Folgen) geht, ist Geschmack ohnehin eine Schlüsselqualität.

Entscheidend ist, dass Sie die vorgestellte Situation mit allen Ihren Sinnen erfassen, in allen Sinneskanälen erforschen, in ihrer Ganzheit erleben und durchleben. Dann „weiß" Ihr Unbewusstes genau und konkret, was Sie gerne hätten, und kann sich voll darauf einstellen.

Ein nützlicher Nebeneffekt einer solchen konkreten Ausgestaltung Ihrer Vorstellung ist es auch, uns vor falschen Zielen zu bewahren: Wie oft ist es schon vorgekommen, dass Sie etwas angestrebt haben, dessen konkrete Realität dann ganz anders war, als Sie in Ihren schlimmsten Alpträumen befürchtet hätten? Nach dem Stellenwechsel war der Stress größer als vorher. Der neue Freund ist viel langweiliger als der alte, der neue große Wagen sieht zwar toll aus, fährt aber wie ein Panzer und lässt sich nur mit brachialer Muskelgewalt durch die Stadt lenken.

Das genaue Erleben unserer Wunschvorstellung mit allen Sinnen hat das Ziel, erlebbar zu machen, was erlebbar ist. – Positiv wird hier also verstanden im Sinne von *vorhanden sein*, also wirklich da sein. Damit positive Gedanken nicht nur bloße Gedanken bleiben, sondern auch Wirkung zeigen, sind einige Aspekte bei der Formulierung wichtig. Darauf werden wir im nächsten Abschnitt ausführlich eingehen. Zuvor wollen wir aber noch einen anderen Aspekt betrachten.

Was ist eigentlich negativ?

Positiv denken und formulieren hat noch eine andere Seite. Die Wörter positiv und negativ sind stark wertend und Wertungen haben weit reichende Auswirkungen. Denn unser Organismus sucht natürlich alles, was er für gut hält, und vermeidet alles Schlechte. Und das wäre ganz einfach, wenn die Bewertung gut oder schlecht ein für allemal sicher und eindeutig wäre. Aber ist sie das?

Einige Beispiele dazu: Viren machen krank. Also sind sie schlecht. Einige Viren regen den Körper an, Gegenmaßnahmen zu ergreifen. Dieses Prinzip benutzt der Arzt beim Impfen. Ist ein Impfserum – wohlgemerkt die gleichen Viren, die in größerer Menge krank machen würden – gut oder schlecht?

Selbstsicherheit ist gut. Mehr Selbstsicherheit kann besser sein. Zu viel Selbstsicherheit macht arrogant und zu viel Selbstüberschätzung kann in Extremsituationen lebensgefährlich sein. Wo ist die Grenze?

Die Chance – und das Risiko – beim Bewerten besteht darin, dass wir anhand unserer eigenen Kriterien beurteilen. Die Wertung kann nur so gut und schlecht sein, wie es unsere Kriterien und unsere Informationen sind. Manchmal ändert sich die Wertung schon, wenn wir nur den Zeitrahmen etwas verändern. Der Wein, der uns gestern noch so toll geschmeckt hat, verfolgt uns heute mit einem heftigen Kater.

Nun ist es sicher notwendig, Dinge bewerten zu können, weil wir sonst gar keine Entscheidungen treffen könnten. Aber es ist hilfreich zu bedenken, dass dies immer nur eine Bewertung in einer bestimmten Situation anhand bestimmter Kriterien sein kann. Gold an sich ist nicht wertvoll, aber wenn es wenig gibt ... Wasser an sich ist nicht wertvoll, aber gehen Sie mal in die Wüste! Oder anders gedacht: Gold ist wertvoll, Wasser ist wertvoll, Sand ist wertvoll. Tatsachen und Dinge sind immer wertvoll – auch wenn wir im Moment noch nicht wissen, für wen oder was. Eine Landschaft ist, wie sie ist – haben Sie schon mal jemand gesehen, der einen Berg ändern wollte? Ein Stein ist, wie er ist – wäre er besser, wenn er schwerer oder heller oder kälter wäre?

Und das gilt auch für unsere Mitmenschen – sie sind, wie sie sind. Woher wollen wir so genau wissen, ob es wirklich besser wäre, wenn sie ruhiger oder lebhafter oder größer oder kleiner oder dicker oder dünner oder Linkshänder oder Rechtsfüßer wären? Unsere Bewertungen sind immer nur sinnvoll in dem Rahmen, in dem wir sie gerade betrachten. Wenn der Rahmen sich ändert, ändert sich das ganze Bild.

Und genau darin liegt unsere Chance. Indem wir lernen, Dinge in neuem Licht zu sehen, haben wir

Gelegenheit, aus unserem begrenzten Rahmen herauszutreten und Neues zu erfahren.

Und wenn wir uns bei dieser Gelegenheit fragen: „Was ist eigentlich ein Fehler?", so könnte eine Antwort sein: „Ein Fehler ist dann geschehen, wenn wir ein bestimmtes Ziel verfehlt haben." Aber vielleicht haben wir stattdessen etwas anderes getroffen?

Selbstverständlich ist es wichtig, beurteilen zu können, ob wir das getroffen haben, worauf wir gezielt haben. Aber wenn wir danebenliegen, ist es auch wichtig zu schauen, was wir denn jetzt tatsächlich getroffen haben. Vielleicht findet man so neue Ziele?

Der positive Zielrahmen

Jeder Mensch plant und handelt zielorientiert. Das ist nichts Neues. Neu ist dagegen die Erkenntnis, dass die Art und Weise, wie wir unsere Ziele formulieren, ganz entscheidend dazu beiträgt, ob wir sie erreichen – oder eben nicht.

Es gibt vier einfache Kriterien, die ein gutes Ziel ausmachen. Gut heißt in diesem Zusammenhang, dass die Art und Weise, wie wir an unser Ziel denken und es auch formulieren, uns hilft, es zu erreichen. Diese vier Kriterien bilden die Basis für ein gutes Ziel oder auch den Rahmen. Deshalb nennen wir sie den „positiven Zielrahmen".

Bevor wir auf die einzelnen Punkte genauer eingehen, erst einmal ein Überblick über den Zielrahmen:

Der positive Zielrahmen

1. Sagen Sie es positiv!
2. Prüfen Sie Kontext, Kosten und Konsequenzen!
3. Werden Sie konkret!
4. Finden Sie *Ihr* Ziel – nicht das von anderen!
5. Machen Sie *Ihr* Ziel überprüfbar!
6. Geben Sie *Ihren* Zielen Bedeutung!
7. Glauben Sie an *Ihre* Vision!

1. *Sagen Sie es positiv!*

Wie wir bereits vorhin gesehen haben, reagiert unser Gehirn nicht auf Worte wie „nicht", „kein", „nie" usw. Denken Sie noch einmal *nicht* an den rosa Elefanten ... genau, es geht nicht! Wenn Sie also Ihr Ziel so formulieren: „Ich will nicht mehr rauchen/ keine Schokolade mehr essen ...", dann entstehen in Ihrem Gehirn (genauer gesagt in der rechten Gehirnhälfte) unweigerlich Bilder von Zigaretten, Schokolade ... Das ist unvermeidlich. Diese Bilder sind meist sehr farbig und entsprechend anziehend. Vielleicht sind sie auch mit Geschmack, Geruch oder Geräuschen verknüpft – das lässt sie dann noch lebendiger wirken.

So kommen wir also kaum oder nur unter sehr erschwerten Umständen ans Ziel. Wenn wir uns dagegen überlegen, was wir denn eigentlich wollen, im positiven Sinne, sieht die Sache schon ganz anders aus. Dann entstehen auch Bilder, vielleicht ebenfalls mit anderen Sinneseindrücken verknüpft – aber das sind Bilder unseres Ziels! Dagegen müssen wir uns nicht wehren, wie bei der Zigarette im vorigen Beispiel, sondern wir können ihre Anziehungskraft nutzen, um genau dorthin zu gelangen: an unser Ziel.

Der erste Schritt, wenn es um Ziele geht, ist also immer die Frage: „Ist mein Ziel positiv formuliert?" Das können Sie gleich überprüfen, indem Sie feststellen, ob Sie in Ihrer Formulierung Wörter wie kein, nicht, weniger, nie oder vermeiden, aufhören, verringern etc. finden. Dieser Schritt sollte an erster Stelle Ihrer Checkliste stehen. Wenn Sie auf ein solches Wort stoßen, gibt es nur eins: umformulieren! Was wollen Sie wirklich?

Können Sie sich Ihr Ziel bildlich vorstellen? Wie wird es sein, wenn Sie es erreicht haben? Das sind weitere Fragen Ihrer Checkliste, denn wir können uns nur von vorhandenen Dingen ein Bild machen.

Dieses erste Kriterium des Zielrahmens bildet die Grundlage für alles Weitere. Überprüfen Sie deshalb Ihr Ziel sorgfältig! Manche negativen Formulierungen entdeckt man auch erst auf den zweiten Blick.

Beispiele für positive Ziele können sein:

- Ich habe Spaß am Leben.
- Ich nehme mir Zeit für mich und andere.
- Ich freue mich an Kleinigkeiten im Alltag.
- Ich vertraue mir.
- Ich fühle mich wohl in meiner Haut.
- Ich arbeite mit Freude und Zufriedenheit.

2. *Prüfen Sie Kontext, Kosten und Konsequenzen!*
„Alles hat auch seine Schattenseiten", sagt ein Sprichwort. Das kann natürlich auch für Ziele gelten. Manche haben unerwünschte Nebenwirkungen und Begleiterscheinungen, an die man im ersten Moment überhaupt nicht gedacht hat. Bevor man sich daran-

Der positive Zielrahmen

macht, das Ziel zu erreichen, ist es deshalb sinnvoll, es auf eventuelle Nachteile zu prüfen.

Gehen Sie dabei systematisch die verschiedenen Bereiche Ihres Lebens durch: Familie, Freunde, Beruf, Freizeit ... In der Begeisterung für ein Ziel sagt man leicht: „Was soll das schon für Nachteile haben? Da kann doch überhaupt nichts passieren – es gibt nur Vorteile!" Wenn Sie aber genauer hinsehen, stoßen Sie vielleicht doch auf die eine oder andere Schwierigkeit oder ein Risiko.

Deshalb ist es wesentlich sinnvoller, sich vorher genau zu überlegen, was man eigentlich will und was die Konsequenzen daraus sein können – statt mittendrin auf Stolpersteine zu stoßen. Wenn Sie nämlich schon jetzt mögliche Nachteile entdecken, können Sie Ihr Ziel leicht entsprechend ändern, anpassen und umformulieren. Bitten Sie auch hier Ihren kreativen Teil um Mithilfe, dann kann bestimmt nichts mehr schief gehen.

Noch eine Anmerkung: Fragen Sie sich auch, was Ihr jetziger Zustand Ihnen für Vorteile bietet. Vielleicht hat auch er sein Gutes und das würde nicht mehr realisiert, sobald Sie Ihr Ziel erreicht und Ihr Verhalten einfach nur geändert hätten. Wenn Sie auf einen solchen sekundären Gewinn stoßen, ist es ungünstig, ohne Rücksicht darauf das Ziel anzusteuern. Es ist viel sinnvoller, wenn Sie zuerst Möglichkeiten suchen, wie denn dieser Gewinn auf andere Art und Weise sichergestellt werden kann. Nur dann kann nämlich der Teil Ihrer Persönlichkeit, der für diesen Gewinn zuständig ist, Sie mit seiner ganzen Energie unterstützen. Wenn er dagegen befürchten muss, übergangen oder gar aus dem Weg geräumt zu werden, wird er sich natürlich mit Händen und Füßen dagegen wehren – und Sie hindern, Ihr Ziel zu erreichen.

Erinnert Sie dieser Gedankengang an die Übung „Umdeuten"? Mit Recht, denn genau das wird hier angestrebt: Neue Wege zu finden, wie eine gute Absicht auf andere Art und Weise verwirklicht werden kann.

3. Werden Sie konkret!

Allgemein gehaltene Ziele wie „Ich will mehr Anerkennung/geliebt werden/selbstsicherer sein" sind auf den ersten Blick recht einsichtig. Wer würde das nicht auch wollen?

Aber wenn wir einmal genauer nachdenken – was heißt eigentlich „mehr Anerkennung"? Was bedeutet „Selbstsicherheit"? Die Wörter verstehen wir, sie sind uns vertraut – doch wenn Sie jemand anderem exakt erklären sollten, was „Anerkennung" für Sie genau bedeutet, müssten Sie da nicht auch erst einmal überlegen?

Wer sein Ziel ganz konkret formuliert, sieht oft schon dadurch klarer, wie er es erreichen kann. Wer nicht genau weiß, wo er hin will, kann auch an einer anderen Stelle herauskommen als geplant – das Problem kennen Sie bereits.

Das zweite Kriterium für ein gutes Ziel ist die konkrete Vorstellung: Wie sieht Ihr Ziel wirklich aus? Wie fühlt es sich an, wenn Sie sich vorstellen, Sie hätten es bereits erreicht? Erinnern Sie sich noch einmal an Kapitel 3. Dort war die Rede von „unspezifischen Ausdrücken", „im luftleeren Raum", „im Gefrierschrank" und anderen Verformungen. Sie sollten sich fragen, ob Ihr Ziel eindeutig formuliert ist. Woran können Sie konkret erkennen, dass Sie Ihr Ziel erreicht haben? Das festzustellen sollte ein weiterer Punkt Ihrer Checkliste sein und Ihnen helfen, Ihr Ziel genauer zu definieren. Formulieren Sie Ihr Ziel in der Sprache Ihrer fünf Sinne. Wenn Sie zum Beispiel selbstsicherer werden wollen, was und wie werden Sie sehen, hören, fühlen, riechen, schmecken, wenn Sie Ihr Ziel erreicht haben?

So kommen Sie Ihrem Ziel bereits einen Schritt näher: Vielleicht finden Sie heraus, dass Selbstsicherheit für Sie bedeutet, dass Sie aufrecht stehen, die Schultern entspannen und Ihrem Partner in die Augen sehen. Oder dass Ihre Stimme klar und deutlich klingt. Oder dass Sie tief durchatmen.

Sobald Sie Ihr Ziel so konkret formulieren, können Sie es leichter erreichen. Denn mit diesen Teilaspekten Ihres Ziels – aufrechte Haltung, tiefes Atmen, Blickkontakt usw. – können Sie aktiv experimentieren. Die einzelnen Schritte, mit denen Sie an Ihr Ziel gelangen, werden Ihnen so bewusst.

4. *Finden Sie Ihr Ziel – nicht das von anderen!*
„Ich will, dass mein Partner freundlicher zu mir ist." Das ist auch ein Ziel – aber so formuliert ist nicht Ihr, sondern das Verhalten Ihres Partners gemeint. Er soll sich ändern, nicht Sie. Das ist ein *Wunsch*. Wichtig ist aber, ein eigenes *Ziel* zu definieren und herauszufinden, wie man sich selbst verhalten will oder kann, damit die Chancen größer werden, dass der Partner freundlicher ist. Zu einem so formulierten Ziel können Sie den Weg dann selbst bestimmen.

Entscheidend ist, dass Sie die Initiative und die Verantwortung für Ihr Ziel übernehmen. Formulieren Sie es so, dass es nicht von anderen abhängig ist. Denn was andere tun oder lassen, können Sie nur in sehr begrenztem Rahmen beeinflussen. Aber die anderen werden ein ganz gewichtiges Wörtchen mitreden wollen, wenn sie ihr Verhalten ändern sollen. Damit würden andere aber viel zu viel Einfluss auf Ihr Ziel nehmen können. Also formulieren Sie nicht „Meine Kollegen akzeptieren mich", sondern „Ich begegne meinen Kollegen offen und entspannt". Das ist doch ein guter Beitrag, um anschließend vielleicht akzeptiert zu werden, oder?

5. Machen Sie Ihr Ziel überprüfbar!

Es reicht nicht, Ziele zu haben. Im nächsten Schritt geht es darum, wie Sie Ihre Ziele erreichen. Deshalb sollte ein gutes Ziel auch überprüfbar sein. Überlegen Sie sich dazu: Wie kann ich die Zielerreichung „messen"?

Wenn ich eine neue Wohnung will, wann ist dann beispielsweise mein Ziel erreicht: Sobald ich die neue Wohnung gefunden habe? Wenn der Mietvertrag unterschrieben ist? Wenn ich eingezogen bin? Wenn ich drei Jahre darin gelebt habe und mich darin wohl fühle?

Manche Ziele sind ganz einfach messbar, weil man sie in Zahlen ausdrücken kann. Wenn ich mir zum Beispiel ein höheres Gehalt vorstelle, kann ich eine konkrete Summe nennen: 40000 € sind mehr als 37000 € im Jahr. Auch wenn das Ziel nicht exakt numerisch messbar ist, gibt es Schätzgrößen. Das

Wohlfühlgewicht ist nicht immer eine Frage der Kilogramm, sondern auch ein Ausdruck dafür, wie wohl ich mich in meinem Körper fühle. Auf einer Skala von eins (sehr unwohl) bis zehn (maximales Wohlfühlen) kann ich wählen, welche Wohlfühl-Stufe ich erreichen möchte. Wenn ich bei zwei starte, ist sechs vielleicht ein erstrebenswertes erstes Ziel.

Für persönliche Ziele ist ohnehin die einfachste Überprüfung die Frage: Woran merke ich, dass ich mein Ziel erreicht habe? Antwort: Wenn ich den Zielzustand eindeutig wahrnehme, nämlich sehe, höre und fühle, wie es am Ziel ist.

In welcher Qualität soll das Ziel erreicht werden? Nehmen wir noch einmal das Beispiel der Wohnung: Wenn ich als Student eine Bude in der Universitätsstadt suche, reicht fürs erste ein Dach über dem Kopf. Wenn ich dann erst einmal dort wohne, kann ich in Ruhe Ausschau nach einer besseren Wohnung halten. Ich kenne dann Leute, die mir Tipps geben, ich weiß, wo die interessanten Stadtviertel sind, wie die Verkehrsverbindungen aussehen ... und überhaupt: Was ist eine „gute" Wohnung? Viele junge amerikanische Familien wohnen im Wohnwagen, den kann man mitnehmen, wohin man will. Und der griechische Philosoph Diogenes hauste bekanntlich in einem Fass, warum auch immer das für ihn das Richtige war.

Manchmal ist bei Zielen auch die Terminierung wichtig. Bis wann will ich das Ziel erreicht haben? Wenn ich ein Ziel für den Sommerurlaub habe, nützt es nichts, im Oktober etwas zu finden. Zeit ist aber nicht immer automatisch kalendarisch oder chronologisch zu sehen. Manche Ziele sind eher an andere zeitliche Bedingungen geknüpft: Wenn ich meine neue Arbeitsstelle habe, wenn ich mit dem A-Projekt fertig bin, wenn ich wieder gesund bin. Sie merken vielleicht, dass hier noch eine andere Chance winkt – man kann sich ja auch die neue Arbeitsstelle, den Abschluss des A-Projekts oder das Gesundsein zum Ziel setzen.

6. *Geben Sie Ihren Zielen Bedeutung!*
Gehen Sie Ihrem Ziel auf den Grund. Was genau ist wichtig für Sie persönlich? Wenn jemand zum Beispiel sagt: „Ich will Macht über andere", könnte der Kern dieser Aussage sein: „Ich bin selbstsicher und vertrete meine Interessen." Gute Dienste leistet bei dieser Suche die Frage „Wozu?" Wozu will ich einen Lottogewinn? Will ich über das Geld mehr Anerkennung bekommen? Wozu brauche ich die Anerkennung? Will ich innerlich zufriedener sein?

Wenn Sie sich den tatsächlichen Kern Ihres Ziels bewusst gemacht haben und das dann noch konkret und in der Sprache der fünf Sinne formulieren, sind Sie Ihrem Ziel schon einen großen Schritt näher gekommen.

7. *Glauben Sie an Ihre Vision!*
Nach der Frage, warum ein Ziel überhaupt ein Ziel ist, also warum es für mich sinnvoll und interessant ist, dieses Ziel zu erreichen, kommt nun noch ein spannender Aspekt dazu. Wie bringt mich dieses Ziel weiter? Wozu ist es hilfreich und nützlich? Was ist das Ziel hinter dem Ziel?

Wir nennen diesen Aspekt visionär: Wie bringt mich dieses Ziel meiner Vision, meinem Lebensentwurf näher? Diese Frage hilft uns bei unseren Zielen, damit

Der positive Zielrahmen

wir uns nicht mit netten Kleinigkeiten aufhalten, sondern unsere wirklich langfristig wichtigen Ziele motiviert und begeistert verfolgen.

Auf der folgenden Seite finden Sie den gesamten Zielrahmen noch einmal im Überblick:

Der positive Zielrahmen

Formulieren Sie Ihre persönlichen Ziele nach diesen Kriterien. Es hilft Ihnen, Ihre Ziele leichter und effektiver zu erreichen:

Positiv:	*positiv* – ohne sprachliche Verneinung!
	absolut – ohne Vergleich
	prägnant – ohne „will", „kann", „möchte"
	Formulieren Sie Ihr Ziel *in der Gegenwart* – so als ob Sie es *schon erreicht* hätten!
Ökologisch:*	*Kontext:* Wo und wann gilt dieses Ziel?
	Welche *Konsequenzen* entstehen, wenn Sie am Ziel sind?
	Wie wird Ihre Umgebung reagieren, wie wirkt es sich auf Ihr gesamtes Leben aus (Familie, Partnerschaft, Beruf ...)?
	Kosten: Welchen *Preis* sind Sie bereit, dafür zu zahlen? (Das ist nicht nur materiell gemeint, sondern beinhaltet auch Aufwand von Energie und Zeit.)

---

* Den Begriff „Ökologie" kennen viele aus dem Umweltbereich. Im NLP ist damit nicht nur die physische Umwelt gemeint, sondern auch die Innenwelt: Der Begriff der Ökologie beschreibt, wie gut etwas (ein Ziel, eine Veränderung etc.) zur eigenen Persönlichkeit passt („innere Ökologie") und wie gut es zur persönlichen Lebens-Umwelt passt („äußere Ökologie").

Sensorisch konkret: Formulieren Sie Ihr Ziel so konkret, dass Sie den Zielzustand *sehen, hören* und *spüren* – vielleicht auch riechen und schmecken können.

Erleben Sie, wie es sein wird, am Ziel zu sein!

Individuell: Formulieren Sie Ihr Ziel so, dass die Erreichbarkeit *von Ihnen selbst kontrolliert* werden kann.

Testbar: Formulieren Sie Ihr Ziel so *konkret*, dass Sie die Erreichung *eindeutig überprüfen* können.

Woran werden Sie merken, dass Sie Ihr Ziel erreicht haben?

Woran werden andere Menschen merken, dass Sie Ihr Ziel erreicht haben?

Interessant: Was bedeutet dieses Ziel für Sie?

Wozu wollen Sie Ihr Ziel erreichen? Gibt es vielleicht ein größeres Ziel dahinter?

Visionär: Formulieren Sie Ihr Ziel so, dass Sie den Kern Ihrer Wünsche und Ihrer *persönlichen* Bedeutung treffen!

Wie bringt Sie dieses Ziel Ihrem Lebensziel näher?

Hilfreiche Fragen zur Zielformulierung:

Positiv:
„Wenn Du das *nicht* willst, was willst Du dann?"

Ökologisch:
„Was wird es Dir bringen, dass Du dieses Ziel erreichst?"
„Was ist Dir Dein Ziel wert?", „Was ist der Preis dafür?"
„Welche anderen Ziele hast Du, die in diesem Zusammenhang wichtig(er) sind?"
„Wie wird Deine Umgebung reagieren, wenn Du dieses Ziel erreicht hast?"

Sensorisch konkret:
„Woran wirst Du genau erkennen, dass Du Dein Ziel erreicht hast?"
„Was wirst Du sehen, hören, spüren, wenn Du am Ziel bist?"
„Welche Bilder, Gefühle, Klänge/Geräusche (evtl. auch welchen Geschmack und Geruch) verbindest Du mit Deinem Ziel?"

Individuell:
„Wer ist dafür zuständig?"
„Was ist Dein persönlicher Anteil an diesem Ziel?"
„In wessen Verantwortung liegt die Erreichbarkeit Deines Ziels?"

Testbar:
„Wie wirst Du merken, dass Du auf Dein Ziel zugehst oder Dich davon entfernst?"
„Woran werde ich oder ein anderer erkennen, ob Du das Ziel erreicht hast?"
„Wann darf ich oder ein anderer Dich nach dem Ergebnis fragen?"

Interessant:
„Was bedeutet es für Dich, dieses Ziel zu erreichen?"

Visionär:
„In welchem größeren Zusammenhang ist dieses Ziel für Dich wichtig?"
„Wie gehört dieses Ziel zu Deiner Vision?"

Übung: Ziele erreichen

Diese Übung ist recht komplex, schließlich geht es um ein wichtiges Thema für Sie. Je konzentrierter Sie dabei sind, desto sicherer werden Sie Erfolg haben.

Lesen Sie die ganze Übung deshalb genau durch, bevor Sie beginnen, damit Sie mit den einzelnen Schritten vertraut werden. Wenn Sie die Übung allein für sich machen, schreiben Sie sich Ihre Antworten am besten auf, damit kein Aspekt verlogen geht. Vielleicht bitten Sie auch einen guten Freund, Ihnen die einzelnen Schritte vorzulesen und Sie bei der Übung zu unterstützen?

Die Übung beginnt damit, dass Sie Ihr Ziel nach den Kriterien des positiven Zielrahmens formulieren, den Sie gerade kennengelernt haben. Dann gehen wir einen Schritt weiter – Sie formulieren nicht nur Ihr Ziel, sondern nutzen Erinnerungen und eigene Stärken, um Ihr Ziel auch zu erreichen: Sie setzen Ihre Vorstellungen also in gezieltes Handeln um.

1. Suchen Sie sich ein Ziel, das Sie gerne erreichen möchten und das in greifbarer Nähe liegt. (Nehmen Sie für den Anfang und zum ersten Üben kleine, überschaubare Ziele. Ihnen wird die Übung dann leichter fallen und Sie können sich dann nach jedem Erfolgserlebnis ein größeres Ziel vornehmen.)
2. Formulieren Sie Ihr Ziel positiv, nach den Kriterien des Zielrahmens, den Sie bereits kennen. Liegt die Zielerreichung in Ihrer Hand? Oder haben Sie das Ziel eines anderen benannt – „Ich will, dass er ..."
Formulieren Sie Ihr Ziel so, dass Sie dabei die Initiative übernehmen und die einzelnen Schritte ausführen können.
Kann es auch Nachteile haben, dass Sie dieses Ziel erreichen? Prüfen Sie die verschiedenen Bereiche Ihres Lebens. Wie wird sich dieser Schritt auf Ihre Familie, Freunde, Beruf, Hobbys ... auswirken? Wenn Sie Nachteile finden, dann formulieren Sie Ihr Ziel um, verändern Sie es so, dass die Vorteile bleiben, die Nachteile aber geringer werden und schließlich verschwinden. (Sie können hier auch Ihren kreativen Teil um Mithilfe bitten!)

3. Woran würden Sie erkennen, dass Sie Ihr Ziel erreicht haben? Formulieren Sie die Anzeichen und Kriterien dafür möglichst konkret: Was genau würden Sie sehen, hören, fühlen, schmecken, riechen ...? Werden Sie eher an Ihrem äußeren Verhalten oder an inneren Reaktionen merken, dass Sie Ihr Ziel erreicht haben?
4. Welche Fähigkeiten brauchen Sie, um Ihr Ziel zu erreichen? Was müssen Sie tun oder können?
5. Erinnern Sie sich an eine konkrete Situation, in der Sie diese Fähigkeit schon einmal besaßen. Das kann in einem völlig anderen Kontext gewesen sein, mit anderen Menschen – wichtig ist nur, dass es genau diese Fähigkeit war. Wenn Ihnen hier beim besten Willen keine Situation einfällt, stellen Sie sich jemand anderen ganz genau vor, von dem Sie wissen, dass er diese Fähigkeit hat. Schlüpfen Sie gewissermaßen in seine Haut.

Erleben Sie die Situation noch einmal so, als würde sie jetzt geschehen. Sie haben jetzt diese Fähigkeit. Schauen Sie sich um, hören Sie gut hin und achten Sie auf Ihre Gefühle und Empfindungen. Sehen Sie innere Bilder? Sprechen Sie mit Ihnen?
6. Finden Sie dann einen Anker in dieser Situation, der Sie daran erinnert, dass Sie diese Fähigkeit besitzen. Dabei stehen Ihnen alle Möglichkeiten offen: Es kann ein Gegenstand sein (real oder vorgestellt), den Sie anschauen oder berühren, ebenso eine bestimmte Geste, Körperhaltung oder vielleicht eine Melodie ...

7. Benutzen Sie diesen Anker und stellen Sie sich mit ihm vor, wie Sie diese Fähigkeit mitnehmen und mit ihrer Hilfe Ihr Ziel erreichen: Wie Sie genau diese Fähigkeit haben, die Sie brauchen, um an Ihr Ziel zu kommen.
Stellen Sie sich das erreichte Ziel wieder ganz hautnah vor, in allen Einzelheiten – so, als wäre es jetzt Wirklichkeit.
8. Treten Sie nun innerlich einen Schritt zurück und betrachten Sie, was Sie erreicht haben. Prüfen Sie noch einmal, ob es genau das ist, was Sie wollten. Können Nachteile auftreten, die Sie zuvor nicht bemerkt haben?
Wenn Sie etwas ändern wollen oder wenn Sie auf Nachteile gestoßen sind, gehen Sie noch einmal zurück zum Anfang und formulieren Sie Ihr Ziel entsprechend um. Dann gehen Sie die weiteren Schritte. Verändern Sie das Ziel so lange, bis Sie mit dem Ergebnis ganz zufrieden sind.
Nun entspannen Sie sich, und erlauben Sie sich einen kleinen Tagtraum, eine „innere Reise", bei der Sie sich vorstellen, wie Sie bei der nächsten Situation in Ihrem Leben, in der Sie diese Fähigkeit einsetzen wollen, dies auch tun und so Ihr Ziel erreichen. Bitten Sie Ihr Unbewusstes um Unterstützung dabei und lassen Sie sich überraschen, wie es sein wird. Vielleicht kommen Ihnen noch ganz neue Ideen ...

Der positive Zielrahmen

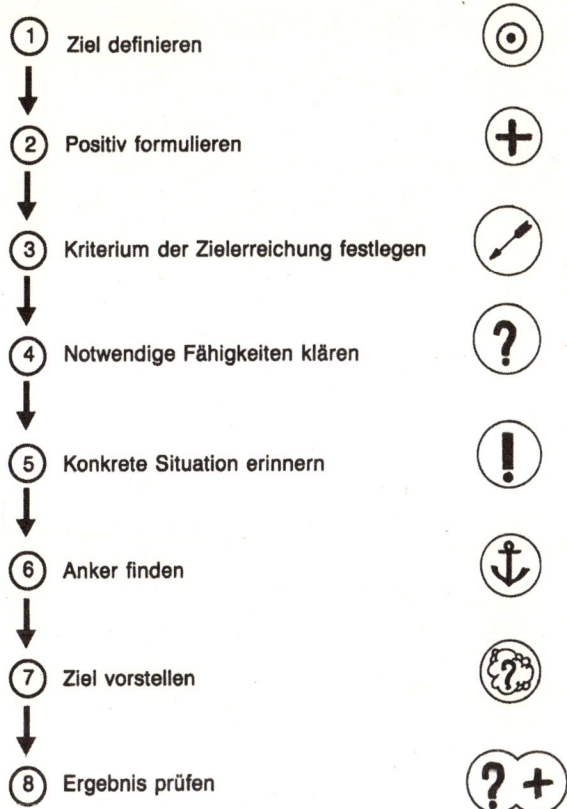

7. Kapitel

Die Kreativitätsstrategie von Walt Disney oder: Wie man Ziele in die Tat umsetzt

Ziele erreichen

Sie kennen jetzt eine Möglichkeit, wie Sie neue Wege für Ihre guten Absichten und für das Erreichen Ihrer Ziele finden. In diesem Kapitel zeigen wir Ihnen, wie Sie neue Ziele entwickeln können und Ihre Kreativität gezielt und ganzheitlich einsetzen. Dazu lernen wir von einem durchaus berühmten Zeitgenossen: von Walt Disney. Mithilfe seiner Kreativitätsstrategie können Sie auch Visionen – das heißt Ziele, die noch keine große „Bodenhaftung" besitzen – konkretisieren und so Stück für Stück in die Realität überführen.

Walt Disney gehört zu den Genies, die heute jeder kennt. Lassen wir uns nicht davon ablenken, dass Disney ein talentierter Zeichner war und vor allem durch seine Zeichentrickfilme weltberühmt wurde. Eines seiner wesentlichen Talente bestand darin, dass er es verstand, visionäre Ideen realitätsgerecht und erfolgreich umzusetzen. Das wollen wir jetzt ganz konkret nutzen. Sie haben bereits gelernt und geübt, wie Sie Ihre persönlichen Ziele erkennen und so formulieren, dass Sie sie leichter erreichen können. Das Wohin ist damit klarer geworden. In diesem Kapitel beschäftigen wir uns nun mit der Frage nach dem Wie: „Wie kann ich mein Ziel erreichen?"

Bevor wir Ihnen die Kreativitätsstrategie im Einzelnen vorstellen, zunächst eine kurze Einführung in das Thema Strategie im Allgemeinen:

Was sind Strategien?

Strategien erfolgreicher Menschen lassen sich analysieren – dazu können wir Beobachtungen, Selbstbeschreibungen, Schriftstücke und andere Quellen verwenden, um so von den Strategien der Genies zu lernen. Robert Dilts, ein amerikanischer Mitentwickler des NLP, hat neben den Denkstrategien von Einstein, Leonardo da Vinci und Mozart auch die Arbeitsweise Walt Disneys entschlüsselt und damit nachvollziehbar und praktikabel gemacht.

Eine Strategie ist ein Prozess, der zu einem gewünschten Ergebnis führt.

Eine Strategie ist also nicht nur eine einzelne Verhaltensweise, sondern der sinnvolle Ablauf einzelner Verhaltensschritte – und das in einer ganz bestimmten Reihenfolge. Wenn Sie etwa eine persönliche Strategie entwickeln wollen, wie Sie aus der Lektüre dieses Buches den maximalen Nutzen ziehen können (= Ziel), wird das Lesen (= Verhalten) nur ein einzelner Schritt dieser Strategie sein. Andere wesentliche (Verhaltens-) Bestandteile dieser Strategie könnten zum Beispiel sein:

- Sie machen sich Notizen während des Lesens;
- Sie suchen sich bestimmte Übungen aus, um bestimmte Inhalte zu vertiefen, und führen diese Übungen durch;
- Sie sprechen mit einem Freund über die Inhalte, die Ihnen besonders wichtig erscheinen
- usw.

Soweit die allgemeine Definition einer Strategie. Wenn wir uns nun den Begriff Strategie unter dem NLP-

Blickwinkel betrachten, kommt eine weitere, wichtige Facette dazu: Unter einer Strategie versteht man im NLP den Ablauf bestimmter Denkschritte. Es geht also nicht mehr nur um Verhalten, sondern auch die interne Verarbeitung wird wichtig. „Denken ist Probehandeln", sagte schon Sigmund Freud.

Wenn wir eine Strategie in dieser Form als Abfolge von einzelnen Denkschritten verstehen, sind dabei natürlich nicht nur die konkreten Inhalte der Gedanken wichtig, denn dies ist ja lediglich das Rohmaterial – das Was. Entscheidend für die Qualität der Strategie ist dann vor allem die Frage, wie wir denken.

Wir Menschen können sehr unterschiedlich denken – in Bildern, Klängen, Worten oder Gefühlen. Das ist Ihnen bereits aus den ersten Kapiteln dieses Buches bekannt. Zwischen Wahrnehmung und Denken besteht ein enger Zusammenhang, denn alle Wahrnehmungen, die uns unsere fünf Sinne liefern, können wir entsprechend sinnes-spezifisch in unserem Denken repräsentieren, das heißt abbilden. Wir sehen Bilder und denken in Bildern, wir hören Musik und denken in Klängen, wir fühlen uns in einer ganz bestimmten Weise und können uns später genau an dieses Gefühl wieder erinnern. Das führt uns zu einer wichtigen Schlussfolgerung:

Ebenso wie wir die Welt nur durch unsere Sinne wahrnehmen – wir sehen, hören, fühlen, riechen und schmecken –, können wir auch nur in Repräsentationen dieser Sinne denken: in Bildern, Klängen, Worten und Gefühlen.

Wir können also den Begriff Strategie um einen wesentlichen Aspekt erweitern: Eine Strategie als Ablauf bestimmter Denkschritte bedeutet also eigentlich die Abfolge bestimmter sinnes-spezifischer Repräsentationen, also von Bildern, Worten, Klängen und Gefühlen. Eine Strategie wird dann daraus, wenn diese Repräsentationen in einer bestimmten Reihenfolge aufeinander folgen, die schließlich zum angestrebten Ziel der Strategie führt.

Sie kennen die verschiedenen Sinneskanäle schon aus dem ersten Kapitel. Betrachten wir die einzelnen Sinne und ihre Abbildung im Denken nun noch einmal genauer: Was sind die Konsequenzen, wenn wir uns etwas bildhaft vorstellen? Was bedeutet es, in Worten oder Klängen zu denken – und wie können wir „in Gefühlen denken"?

Sehen (visuelle Repräsentationen)

Bilder lassen sich sehr schnell in ihrer Ganzheit erfassen. Wir bekommen schnell einen Überblick. Dabei sind wir auch nicht auf eine bestimmte, vorgegebene Reihenfolge angewiesen, denn wir können verschiedene Bereiche eines Bildes betrachten, wahlweise aus der Nähe oder aus der Ferne.

Hören (auditive Repräsentationen)

Beim Hören unterscheiden wir zwischen Worten und Klängen. Mit Worten können wir uns anderen verständlich machen und komplexe Botschaften vermitteln. Sprache erlaubt uns, Regeln und Gesetze zu formulieren. Sprache hat eine Reihenfolge, die nicht ohne weiteres umkehrbar ist. Hier unterscheiden sich also Hören und Sehen: Beim Sehen können wir die Reihenfolge, wo wir hinschauen, selbst wählen, beim

Hören ist die Reihenfolge festgelegt. Wenn Sie etwa einen anderen Teil einer Kassette hören wollen, müssen Sie die Kassette dorthin spulen – das dauert eine gewisse Zeit.

Fühlen (kinästhetische Repräsentationen)

Gefühle sind vielleicht die lebendigste Form des Denkens. Unsere Emotionen bewegen uns oft außerordentlich heftig. Unser Bewegungsgedächtnis ist phänomenal. Wer einmal Radfahren gelernt hat, kann es praktisch nicht mehr vergessen.

Jede der drei Arten zu denken hat also ihre spezifischen Eigenschaften und Vorteile. Eine Strategie ist deshalb umso erfolgreicher, je mehr Denkarten sie vereint. Denn beim Denken in Bildern, Klängen oder Gefühlen werden auch verschiedene Areale in unserem Gehirn angesprochen. Bei einer Strategie, die alle Repräsentationssysteme anspricht, benutzen wir mehrere Bereiche unseres Gehirns und können deshalb auch mehr von unserem Potenzial verwirklichen.

Fassen wir zusammen: Strategien sind bewusste und unbewusste Gedankenabläufe, mit denen wir unser Handeln planen, vorbereiten und die Ausführung kontrollieren. Sie lassen sich durch eine spezifische Abfolge von einzelnen Repräsentationen beschreiben. Erfolgreiche Strategien nutzen verschiedene Arten des Denkens und sprechen mehrere – oder alle – Repräsentationssysteme an.

Die konkrete Beschreibung einer Strategie hat doppelten Nutzen: Zum einen erlaubt sie uns, eigene Strategien bewusst und gezielt einzusetzen, zum anderen bietet sie uns die Möglichkeit, erfolgreiche Strategien anderer Menschen zu lernen und in unser persönliches Verhaltensrepertoire aufzunehmen. Und genau das wollen wir jetzt tun: Mit der Kreativitätsstrategie von Walt Disney.

Die Disney-Kreativitätsstrategie

Die Disney-Strategie hilft uns dabei, neue, kreative und realistische Lösungen für ein Ziel oder eine Vision zu finden. „Wie kann ich das umsetzen?", lautet eine der klassischen Fragen für den Einstieg.

Nach einer kurze Beschreibung der Disney-Strategie werden wir uns einen spezifischen Anwendungsfall anschauen, der für viele von Ihnen unmittelbar wichtig sein kann: Die Anwendung der Disney-Strategie im privaten Alltag in der Familie.

Das kreative Team: Die Rollen in der Disney-Strategie

Die Disney-Strategie lebt davon, dass wir nacheinander in verschiedene Rollen schlüpfen, und so einen kreativen Kreislauf aufbauen. Jede Rolle ist gekennzeichnet durch eine bestimmte Art zu denken und zu handeln. Die drei Disney Rollen sind der Träumer, der Macher und der Qualitätsmanager. Schauen wir uns diese Rollen genauer an:

1. Der Träumer

Zunächst versetzen wir uns in die Position des *Träumers*: Als Träumer malen wir uns unsere Vision oder unser Ziel bildlich aus – wir denken also in Bildern. Ein Träumer sieht seine Ideen wie auf einer Leinwand und malt sich alles aus, was und wie er es möchte. Der Träumer ist zukunftsorientiert und er ist nicht den Einschränkungen der Realität unterworfen. Seine zentrale Frage heißt: „Wie könnte das aussehen?" Er ist sozusagen der kreative Geist, der Erfinder, der vor Ideen nur so sprüht.

2. Der Macher

Nun geht es an die Umsetzung: Als *Macher* probieren wir praktisch aus, was der Träumer gesehen hat. Die Realisierung der Vision steht jetzt für uns im Mittelpunkt. Dies geht möglichst lebendig und praktisch vor sich: „Wenn ich diesen Traum in die Tat umsetze, wie würde ich mich dabei fühlen?", „Was sage ich?", „Was tue ich?" Diese Position nennen wir den Macher. Er ist aktiv, konzentriert sich aufs konkrete Tun und erlebt alles in der Gegenwart. „Wie mache ich das – wie fühlt es sich an?" ist seine zentrale Frage.

3. Der Qualitätsmanager

In der dritten Rolle geht es um die Frage, wie die Umsetzung des Ziels gelungen ist. Dazu holen wir einen dritten Helfer hinzu, der in die Rolle des *Qualitätsmanagers* schlüpft. Er fragt sich im inneren Dialog: „Was könnte man verbessern?", „Was sind Chancen und Risiken der Umsetzung?", „Was sollte berücksichtigt werden?" Entscheidend ist dabei, dass der Qualitätsmanager kein Spielverderber, sondern ein konstruktiver Qualitätsmanager ist. Er will nicht die anderen beiden Positionen bekämpfen, sondern gemeinsam mit ihnen eine optimale Lösung erarbeiten.

Deshalb stellt der Qualitätsmanager konstruktive Fragen. Er nimmt die Umsetzung des Machers als Basis, um daraus Fragen zu entwickeln, die er dem Träumer vorlegt. Dabei nimmt er die Vogelperspektive ein und verschafft sich einen Überblick. Er hat sozusagen Abstand zum Geschehen und kann größere Zusammenhänge einbeziehen.

Mit diesen drei Rollen haben wir ein kreatives Team, denn sie arbeiten miteinander statt gegeneinander. Damit hat Disney ein wesentliches Problem des kreativen Prozesses genial gelöst: Das große Risiko ist nämlich, dass gute Ideen voreilig abgeschossen werden. Dieses Risiko wird durch den Macher abgefangen. Er probiert die Ideen erst einmal aus, bevor sie auf den Prüfstand des Qualitätsmanagers kommen. Dessen Kritik zielt dann nicht auf die Idee des Träumers selbst, sondern nur auf ihre Umsetzung und Praxistauglichkeit. Im NLP heißt dieser Aspekt Ökologie und ist eines der wichtigsten Kriterien für die Stabilität neuer Ideen und Verhaltensweisen. Der Träumer selbst wird also nicht kritisiert und hat damit die besten Voraussetzungen, um weiter gute Ideen zu produzieren, denn der Qualitätsmanager ist als entscheidender Kooperationspartner dabei.

Die Kreativitätsmethode des Brainstormings ist recht bekannt – übrigens war sie das schon zu Zeiten von Asterix, denn bei „Asterix bei den Briten" heißt es bereits: „Lass uns machen einen Gedankensturm!"

Längst ist erwiesen, dass unmittelbares Kritisieren einer neuen Idee die Produktion weiterer Ideen hemmt. Wenn jede Idee gleich kritisiert wird, überleben nur die plausiblen, konventionellen Lösungen. Das Kernprinzip des Brainstormings ist deshalb die Trennung von Ideenproduktion und Kritik. Zuerst wird eine Vielzahl von Ideen gesammelt – je ausgefallener und ungewöhnlicher, desto besser –, danach erst wird bewertet, kombiniert und weiterentwickelt. So wird am Ende die beste Lösung ausgewählt.

Als zentrales Problem beim Brainstorming wird immer wieder genannt, dass die Regel „Keine Kritik!" so schwer einzuhalten ist. Dieses Problem wird in Disneys Strategie einfach gelöst: Durch die Organisation der Reihenfolge. Der Qualitätsmanager lernt, seine Kritik in Fragen auszudrücken. Statt: „Das geht doch nie!", sagt er etwa: „Wie kann das gehen?" Dadurch ist die Kritik in jedem Fall konstruktiv und der Qualitätsmanager wird als entscheidender Kooperationspartner für das Team gewonnen.

Die Walt-Disney-Strategie ist ein deutliches Beispiel dafür, dass die Einteilung der Menschen in visuelle, kinästhetische und andere Typen falsch ist. Es mag zwar einfach scheinen, Menschen in Typologien, das heißt in Schubladen, einzuordnen, doch es verzerrt die Realität. Menschen sind keine Typen und passen nicht in Schubladen, denn sie können je nach Situation ihr Verhalten ganz flexibel wechseln. Vielleicht haben sie es nicht genügend geübt, um es jederzeit tun zu können, doch sie haben prinzipiell die Fähigkeit dazu. (Auch das ist übrigens eines der Ziele dieses Buches: dass Sie Ihre persönliche Flexibilität trainieren.)

Das Geniale an Disneys Strategie ist, dass er – und jeder andere – seine Wahrnehmung situativ und strategisch wechseln kann. Wenn er als kreativer Träumer eine Idee braucht, sucht und konstruiert er visuelle Bilder. Wenn es um die konkrete Umsetzung der Idee geht, versetzt er sich in das Gefühl und erlebt das Tun ganz praktisch nach. Bei der kritischen Bewertung diskutiert er im inneren Dialog mit sich selbst die Vor- und Nachteile der Umsetzung. Die Idee, Disney deshalb als visuellen Typ oder auditiven Typ zu charakterisieren, ist unsinnig, weil er die Sinneskanäle ja wechselt. Ihn als Misch-Typ zu bezeichnen, geht ebenso an der Realität vorbei, weil er eben nicht zufällig oder beliebig mischt, sondern gezielt und strategisch wechselt.

Disneys Strategie im Überblick

Disneys Kreativitätsstrategie ist als Kreisprozess angelegt. Die drei Teamspieler (die Rollen) wechseln sich in einer festen Reihenfolge ab – es entsteht ein kreativer Kreislauf, der so lange weiterläuft, bis alle drei Instanzen zufrieden sind:

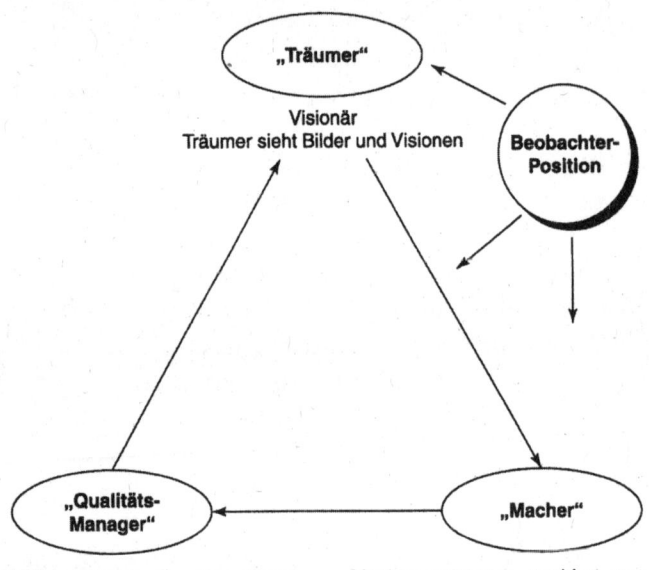

Der Kritiker nimmt die Umsetzung, betrachtet sie und stellt dann weiterführende Fragen an den Träumer.

Der Beobachter-Platz ist eine zusätzliche Position, in der man den ganzen Prozess von außen gewissermaßen als interessierter Zuschauer verfolgen kann. Das ist zum Beispiel sinnvoll, um sicherzustellen, dass die drei Rollen gleichberechtigt miteinander arbeiten.

Gelebte Kreativität: Die Disney-Strategie in der Praxis

Gehen wir der Einfachheit halber davon aus, dass ein Coach Ihnen diese Strategie beibringen will, und sehen wir ihm dabei zu.

Der Coach wird zuerst mit Ihnen einen *Regieplatz*, die Beobachter-Position, festlegen. Von hier aus wird der ganze Prozess gesteuert. Allerdings sitzen Sie nicht auf diesem Regieplatz, sondern stehen dort, weil Ihnen das einen besseren Überblick verschafft. Vom Regieplatz aus können Sie über den ganzen Prozess reden. Sie können Fragen stellen, beantworten und Unsicherheiten klären. Dieser Platz hat nun für den weiteren Prozess seine ganz spezifische Bedeutung und steht für die Funktion „Überblick und Klärung". Er wurde sozusagen installiert und kann auch mit einem Gegenstand markiert werden. Eine große Hilfe ist es auch, einen Anker für diesen Platz zu finden: In welcher Körperhaltung kann ich am besten beobachten, wie stehe ich, was ist die beste Blickrichtung ...?

Von diesem Regieplatz aus werden nun die Plätze für die drei Positionen Träumer, Macher und Qualitätsmanager geankert. Dazu erinnern Sie sich an jeweils eine typische Situation, in der Sie selbst deutlich die Fähigkeit erlebt haben, die Sie in dieser Rolle ankern wollen. Der Coach unterstützt und führt Sie dabei. Das hört sich zum Beispiel für den *Träumer-Platz* so an: „Erinnern Sie sich nun an eine Situation, in der Sie ganz kreativ und voller Ideen waren –wo Sie sich ganz intensiv ein Bild einer Idee machen konnten und eine Vision entwickelt haben... Lassen Sie diese Erinnerung hier und jetzt wieder ganz lebendig werden, sodass Sie alle diese Bilder wieder vor Ihrem geistigen Auge sehen können – so wie es Ihnen gefällt – und spüren Sie, wie gut Sie sich dabei fühlen, sodass Sie voll und ganz erleben, wie es ist, sich diese Bilder anzuschauen. Gehen Sie nun mit diesem Bild und mit dem Gefühl auf die Träumer-Position."

So wird Ihre natürliche Fähigkeit, kreativ zu visualisieren, an diesem konkreten Platz im Raum geankert. Sie kann weiter unterstützt werden durch spezifische Elemente, die das Visualisieren erleichtern: nach oben schauen, Kopf heben, zurücklehnen – auch in einem bequemen Sessel – und körperlich entspannen. (In dieser Position müssen Sie nicht unbedingt stehen.) Alle diese Elemente können zusätzlich an diesem Platz im Raum geankert werden. Wenn Sie dann an den Träumer-Platz gehen, kommen Sie automatisch in einen entspannten, ideenreichen Zustand mit einer Fülle innerer Bilder.

Dann wird vom Regieplatz aus die nächste *Position, die des Machers*, vorbereitet und installiert. Dazu versetzen Sie sich in eine Situation, in der Sie voll und ganz in einer Aktivität aufgingen, sodass Sie intuitiv und spontan arbeiteten und die Welt um sich herum dabei nicht mehr bewusst wahrnahmen. Diese Fähigkeit kann auch unterstützt werden durch bestimmte Bewegungen.

Als letztes wird die *Position des Qualitätsmanagers* festgelegt. Auch dazu werden individuelle Fähigkeiten und Erfahrungen aktiviert, diesmal mit inneren Dialogen. „Was spricht dafür?" – „Was spricht dagegen?" Viele Menschen sind spontan schon sehr fähige und fleißige Kritiker. Wichtig ist, dass hier die strategisch wichtige Fähigkeit eingebaut wird, kritische Kommentare zu Fragen umzuformulieren: „Wie könnte man ...?"

Die Kreativitätsstrategie in Aktion – ein Beispiel

Erst wenn alle Plätze installiert und geankert sind, wird am Regieplatz das Thema besprochen, an dem Sie kreativ arbeiten wollen. Ist die Ausgangsfrage formuliert – etwa: „Wie könnten wir unser Wohnzimmer anders einrichten, sodass es gemütlicher wird?" –, beginnt die inhaltliche kreative Arbeit. Zuerst gehen Sie in die Position des Träumers. Er sieht wesentliche Elemente des Zimmers, zum Beispiel Möbel, Bilder, Lichtverhältnisse etc. und malt sich alles detailliert in den schönsten Farben aus. Haben Sie hier genug Material gesammelt, gehen Sie in die nächste Position, die des Machers: „Wie gehen Sie konkret bei der Umgestaltung vor?", „Wie fühlen Sie sich in diesem neuen Zimmer?", „Wo sitzen Sie am liebsten?", „Wie wirkt das Zimmer auf Sie?" Nachdem Sie all das ausprobiert haben, ist der Qualitätsmanager an der Reihe. Seine wesentlichste Kritik kann etwa in die Frage münden: „Wie wird das den Kindern gefallen?"

Nun geht es in die zweite Runde. Der Träumer stellt sich vor, wie sich die Kinder in dem neu eingerichteten Zimmer verhalten würden und was sie dazu sagen könnten. Der Macher versetzt sich in die Kinder hinein und erlebt das neue Zimmer sozusagen aus „Kinder-Perspektive": „Was tue ich hier?", „Wie fühle ich mich?", "Habe ich genug Platz?" Dabei werden dem Qualitätsmanager wiederum neue Aspekte auffallen, die er dann in kritische Fragen umformulieren kann. So läuft der Prozess durch sämtliche Positionen weiter und wird mit jedem Durchgang inhaltlich optimiert, bis Sie in allen Positionen mit dem Ergebnis zufrieden sind.

Viele Klienten können den Prozess in seinen Grundzügen schon nach wenigen begleiteten Durchgängen selbstständig auf neue Probleme anwenden, vor allem wenn sie sehr lebendige und prägnante Bezugserfahrungen für die einzelnen Disney-Rollen und ihre Plätze im Raum haben. Entscheidend in der Praxis ist, dass die Rollen inhaltlich und räumlich ganz klar voneinander getrennt werden und bleiben. Wenn Sie also merken, wie Sie am Macher-Platz anfangen, kritische Kommentare und "Abers" zu formulieren, dann gehen Sie an den Platz, wo diese Fähigkeit hingehört: zum Qualitätsmanager. Dann können Sie nach Herzenslust fragen und kommentieren.

Für die Praxis lässt sich die Strategie weiter verfeinern. Ganze Arbeitsgruppen können den Prozess gemeinsam durchlaufen. Dafür können die Plätze in verschiedenen Räumen installiert werden:

Träumen im Seminarraum, Realisieren im Büro, Kritik im Konferenzzimmer. Oder drei Gruppen teilen sich die Arbeit, indem jede Gruppe eine der spezifischen Funktionen übernimmt. Und natürlich lassen sich mit der Kreativitätsstrategie auch weitere neue Anwendungsformen erfinden! Wie das im Familienalltag einsetzbar ist, schauen wir uns nun genauer an.

Walt Disneys Beitrag zum Familienleben: Mehr als nur Zeichentrickfilme!

Der Name Walt Disney hat für Kinder und Eltern einen ganz speziellen Klang. Viele Erwachsene haben seine Zeichentrickfilme in besonderer Erinnerung. Bambi und Klopfer, Susi und Strolch, die Aristocats und viele mehr sind liebe Freunde aus der Kinderzeit, die uns teilweise heute noch begleiten. Und wenn wir mit unseren Kindern ins Kino gehen, finden wir auch hier Walt Disney wieder. Man mag geteilter Meinung darüber sein, wie sich die Thematik und die Atmosphäre der Disney-Filme in den letzten Jahren seit dem „König der Löwen" gewandelt hat – Walt Disney ist und bleibt so etwas wie eine Institution.

Wir wollen hier allerdings keine Filmkritik betreiben, sondern noch einen anderen Disney-Aspekt in den Mittelpunkt stellen. Die Kreativitätsstrategie Walt Disneys ist hilfreich, wenn es darum geht, Ziele und Visionen zu konkretisieren und alltagstauglich zu gestalten. Wie können wir Disneys Beitrag nutzen, um das Familienleben zu bereichern? Wie können wir dadurch die offene Kommunikation in der Familie fördern?

Die einzelnen Rollen der Disney-Strategie haben Sie bereits kennengelernt – schauen wir uns diese einmal im Kontext Familie genauer an.

- In Familien könnte ein *Träumer* die Funktion übernehmen, Vorschläge zu machen und die Initiative zu ergreifen. So sorgt er für interessante Ideen und Abwechslung. Das könnte sich zum Beispiel so anhören: „Es wäre doch schön, wenn wir wieder

einmal etwas gemeinsam unternehmen würden.", „Wenn die Kinder erst mal aus dem Gröbsten raus sind, dann ...", „Ich wünsche mir ein harmonisches Familienleben." Auch Kinder können so träumen: „Ich will endlich selbst erwachsen sein, dann kann ich auch immer machen, was ich will."
- Für den *Macher* stehen dagegen ganz andere Aspekte im Vordergrund. Er sorgt für die Umsetzung und das Engagement, damit etwas geschieht: „Wer deckt denn heute den Tisch?", „Komm, wir probieren das mal aus.", „Räum' dein Zimmer auf!", „So lange Diskussionen gehen mir auf die Nerven; lass uns endlich anfangen!", „Auf geht's!"
- Mit der *Kritik* ist das so eine Sache: sie kann vernichtend sein. Gerade im Familienkontext begegnet uns dieses Thema immer wieder. Eltern fühlen sich für das Verhalten ihrer Kinder verantwortlich und wollen Fehler ausmerzen: „So geht das doch nicht!", „Deine Schlamperei ist unmöglich!", „Dein Schulranzen! Dein Heft! Dein Zimmer sieht fürchterlich aus!" Selbst wenn Eltern wissen, dass Kritik nicht die optimale Lösung ist, hört man derartige Sätze tagtäglich. Die Regel „Keine Kritik!" ist schwer einzuhalten, denn sie sagt nichts darüber aus, was denn an die Stelle der Kritik treten sollte. Dieses Problem wird in Disneys Strategie einfach gelöst: Der *Qualitätsmanager* lernt, seine Kritik in Form von Fragen auszudrücken. Statt: „Das klappt doch nie!", sagt er etwa: „Wie könnte das klappen?" Dadurch ist die Kritik konstruktiv und hilft allen Beteiligten weiter. Typische Kritiker-Fragen sind zum Beispiel: „Was kön-

nen wir tun, damit es bei uns weniger Streit gibt?",
„Wie verteilen wir die Aufgaben im Haushalt?",
„Was ist für uns als Familie wichtig?" Seine Fragen
legt der Kritiker dann dem Träumer vor. Aufgabe
des Träumers ist es nun, neue und kreative Antworten auf diese Fragen zu finden. Der Kritiker stellt
deshalb offene Fragen, die nicht mit einem einfachen Ja oder Nein zu beantworten sind. So kann
sich der Träumer viele Bilder dazu ausmalen. Diese
bekommt dann der Macher zur Umsetzung – und so
geht der Kreislauf weiter, bis alle Beteiligten mit
dem Ergebnis zufrieden sind.

Wir wollen Ihnen nun zwei konkrete Möglichkeiten
vorstellen, wie hilfreich die Rollen der Disney-Strategie im Familienalltag sein können.

Familienalltag 1: Gemeinsam oder gegeneinander?

Die drei Rollen der Disney-Strategie sind mehr als nur
Arbeitspositionen. Sie stehen ebenso für drei verschiedene Formen der Wahrnehmung, des Denkens und des
Handelns. Jeder von uns kennt die Rollen aus eigener
Erfahrung. Wir alle haben schon einmal geträumt,
umgesetzt und kritisiert; auch wenn wir dafür keine
bewusste Entscheidung im Sinne einer Strategie getroffen haben. Die interessante Frage lautet daher, wie wir
die Rollen gezielt im Familienalltag nutzen können.
Träumer, Macher, Kritiker – wie sind diese Rollen in
der Familie verteilt? Gibt es Lieblingsrollen von einzelnen Personen? Welche Dynamik ergibt sich aus dem
Zusammenspiel der drei Rollen?

Die Kreativitätsstrategie von Walt Disney

Nehmen wir ein Beispiel: Familie M. möchte einen gemeinsamen Ausflug planen. Mutter und Vater sitzen sonntags gemeinsam mit Hanna (7) und Sebastian (9) am Frühstückstisch und überlegen. Der Vater schlägt vor, doch mal wieder gemeinsam etwas zu unternehmen. „Wie könnten zum Beispiel eine Bergwanderung machen. Das Wetter ist schön und die Fernsicht bestimmt auch sehr gut." Hanna unterbricht ihn: „Ich will aber heute die ‚Sendung mit der Maus' anschauen. Und außerdem hab ich keine Lust, so weit zu laufen." Sebastian stöhnt: „Schon wieder auf 'nen Berg. Das ist ja öde – ich will lieber Inlineskaten gehen." Der Vater versucht zu überzeugen und redet weiter von der Schönheit der Natur und dem, was es dort zu entdecken gibt. „An dem Bach könnten wir ja auch ein Picknick machen. Vielleicht sogar Würstchen grillen ..." Die Mutter denkt an ihre Vorräte und meint: „Für ein Picknick finde ich bestimmt etwas im Kühlschrank. Butterbrote und Obst könnten wir auch mitnehmen." Hanna ruft dazwischen: „Ich will aber die ‚Sendung mit der Maus' anschauen. Und Obst schmeckt mir sowieso nicht!" – Je nach Familienstil kann diese Szene unterschiedlich enden: Die Eltern einigen sich und verkünden die Entscheidung: „Wir unternehmen heute etwas!" Oder die Kinder setzen ihren Willen durch; die eine setzt sich vor den Fernseher, der andere geht zum Skaten. Neben diesen beiden Szenarien sind natürlich Zwischenstufen möglich nach dem Motto „Erst das, dann jenes".

Schauen wir uns die kurze Szene einmal mit der Disney-Brille an, finden wir alle Rollen vertreten. Der Vater als Träumer sieht seine Idee vor sich, das schöne Wetter, die Fernsicht, das Picknick. Beide Kinder

springen in die Rolle des Kritikers: „Aber ...!" Und die Mutter geht in die Realisierung und fängt im Geist schon mit der Proviant-Planung an.

Soweit Disneys Rollen, doch ein entscheidender Punkt wurde dabei nicht berücksichtigt: Wie gehen die verschiedenen Positionen miteinander um? In unserem Beispiel stürzen sich die Kritiker sofort auf die Idee des Träumers und nehmen sie unter Beschuss. Das ist nicht ganz im Sinne des konstruktiven Prozesses, den wir zuvor beschrieben hatten ...

Stellen wir uns eine andere Familie vor, die vor demselben Problem steht. Doch statt sich dabei gegenseitig in die Quere zu kommen, hat diese Familie irgendwann einmal eine „Familien-Planungs-Konferenz" eingeführt. Dazu werden drei kleine Disney-Figuren hervorgeholt: Mickey Maus ist der Träumer und Ideenlieferant. Donald (mit Werkzeugkasten in der Hand) ist der Macher, der die Dinge anpackt und Dagobert steht als

Die Kreativitätsstrategie von Walt Disney

Kritiker und Qualitätsmanager dabei. Diese Familie hat sich auf eine Regel geeinigt: Wenn ein gemeinsames Thema zur Diskussion steht (zum Beispiel Sonntagsausflug), darf erst einmal jeder seine Ideen loswerden. Dabei steht Mickey als Erinnerungsfigur auf dem Tisch. Die Ideen werden für alle sichtbar auf ein Blatt Papier aufgeschrieben. Mit einer Idee wird dann begonnen: Donald bekommt den Platz auf dem Tisch und alle überlegen sich, wie die Idee umgesetzt werden kann. Was ist zu tun? Wie könnte man es machen? Auch das wird wieder notiert. Schließlich hat Donald wieder Pause und Dagobert kommt dazu: Was spricht für und gegen die Umsetzungsvorschläge? Alle achten gemeinsam darauf, dass jetzt Fragen gestellt werden. Besonders den Kindern macht es viel Spaß, aus den Beiträgen der Eltern immer neue Fragen zu basteln. Gemeinsam wird dann entschieden, welche Frage dem Träumer-Mickey als nächstes vorgelegt wird; und so geht es weiter.

Schauen wir uns diese Möglichkeit wieder an einem Beispiel an: Die Familie überlegt zunächst gemeinsam: „Was könnten wir an diesem Wochenende unternehmen?" Hanna schlägt ein gemeinsames Spiel oder die „Sendung mit der Maus" vor, Sebastian ist für Rollerskaten, Radfahren und Schwimmen. Der Vater denkt eher an eine Bergwanderung, eine Radtour oder einen ausgedehnten Sonntagsspaziergang; die Mutter möchte in eine Ausstellung gehen, die zurzeit läuft. Alle Vorschläge werden zunächst einmal gleichberechtigt aufgeschrieben. Nach dieser Träumer-Phase werden die einzelnen Vorschläge an den Realisierer weitergegeben. Donald kommt auf den Tisch und alle überlegen gemeinsam, wie die einzelnen Ideen in die Tat umgesetzt werden können. Dabei ergeben sich schnell zwei Gruppen von Ideen: „Outdoor" (Wandern, Radfahren, Skaten, Schwimmen) und „Indoor" (Fernsehen, Spielen, Ausstellung). Sebastian spricht an, dass man ja verschiedenes kombinieren könnte. „Wenn ich Skaten gehe, kann Hanna fernsehen. Und danach holt ihr mich am Freizeitgelände ab und wir gehen ins Schwimmbad." „Und wenn wir mit dem Rad hinfahren, haben wir alle Bewegung", überlegt der Vater. „Die Ausstellung läuft uns nicht davon. Wenn mal wieder schlechtes Wetter ist, können wir das immer noch machen – heute bei dem schönen Wetter gehe ich auch gerne mit Radfahren", meint die Mutter. Und Hanna ist glücklich, wenn sie erst ihre „Sendung mit der Maus" sehen darf. „Dann fahre ich mit euch mit."

Plötzlich wirkt der gemeinsame Sonntag für alle vier interessant. Damit nichts außer Acht gelassen wird, kommt jetzt Dagobert auf den Tisch: Was spricht für, was gegen diese Lösungsmöglichkeit? Hier kommt der Aspekt der zeitlichen Abfolge dazu. Diese Feinplanung ist schnell gemacht, denn alle sind sich schon über den Tagesablauf einig. – Mickey, Donald und Dagobert bekommen also wieder ihren Ehrenplatz auf der Fensterbank, bis sie beim nächsten Familienrat wieder in Aktion treten.

Dieses koordinierte Vorgehen unterscheidet sich stark vom üblichen Familienalltag. Sicher, wenn die Eltern verkünden, was gemacht wird, geht das wesentlich schneller. Doch wie wird dann die Stimmung sein? Ein gemeinsamer Entscheidungsprozess dauert zunächst vielleicht länger, wird aber dann auch von allen Beteiligten unterstützt. Und jeder, der schon einmal unwillige und maulende Kinder bei einer Wanderung bei Laune halten musste, weiß das zu schätzen!

Der Disney-Prozess ist gerade für Familien gut anwendbar. Die Figürchen allein sind schon ganz besondere Anker, die einem vorher öden Familiengespräch neuen Reiz geben. Kinder sprechen sehr gut auf die Möglichkeit des Rollenwechsels an. Sind sie noch klein, macht ihnen einfach das Ausprobieren Spaß, sind sie größer, finden sie Gefallen an der Vielfalt der Positionen. Zusätzlich kann man einen starken Trainings-Effekt beobachten. Der Rollenwechsel geht zunehmend schneller und zielgerichtet von der Hand. Ein Team, das „Disney-geübt" ist, kann in kurzer Zeit sehr viel erreichen. Und das Erreichte hat Hand und Fuß, denn alle haben dabei mitgemacht.

Familienalltag 2: Wie sag ich's meinem Kind?

In Familien geht es natürlich nicht nur um die Planung gemeinsamer Ausflüge – oft sind die Themen viel alltäglicher und auch nicht immer so erfreulich. Wie können wir die Disney-Rollen nutzen, um die Familien-Kommunikation offener und effektiver zu gestalten? Dazu ist es hilfreich, zunächst einmal zu überlegen, wer in der Familie welche Rolle hauptsächlich übernimmt. Wer ist zuständig für Ideen, Vorschläge und Neues? Wer fühlt sich verantwortlich für die Umsetzung, das Machen und Tun? Wer übernimmt die Aufgabe, abzuwägen, zu hinterfragen, Grenzen zu setzen und zu warnen?

Sicher übernimmt jeder von uns alle Rollen immer wieder einmal. Wir wollen hier auch keine Schubladen öffnen („Du bist doch bloß ein Träumer!"), sondern Gewohnheiten und Verhaltensmuster hinterfragen, um die alltägliche Kommunikation in der Familie einfacher und reibungsloser zu gestalten. Keine Rolle ist von Natur aus schlechter als eine andere. Erinnern Sie sich: Im Disney-Prozess sind alle drei notwendig, um ein Ergebnis zu erreichen. Wenn eine Rolle fehlt, stünden die anderen beiden über kurz oder lang im offenen Konflikt. Die interessante Frage ist vielmehr die, welche Rolle wann und wozu hilfreich ist. Viele Eltern fühlen sich ja schon „von Beruf aus" in die Rolle des Kritikers gedrängt: „Wenn ich nicht aufpasse, schlägt er ja völlig über die Stränge!", „Einer muss sich ja um die Noten kümmern und ihr sagen, dass es so nicht weitergeht."

Betrachten wir diese drei Familien-Rollen einmal genauer: Woran erkennen wir, ob jemand in der Familie gerade als Träumer, Macher oder Kritiker beschäftigt ist?

Der Träumer

Als Träumer haben wir viele Ideen, Träume und Visionen. Wir können Richtungen aufzeigen und die Familie in einem größeren Kontext sehen. Wir haben den Überblick und sind dabei nicht an Einschränkungen der Realität gebunden. – Was will ich für unsere Familie? Was könnte ich mir mit dir vorstellen? Welche Möglichkeiten gibt es für mich, für dich, für uns? (Übrigens eine Rolle, die typisch für Kinder ist und gerne von ihnen übernommen wird. Doch auch Erwachsene können träumen ...)

Der Macher

Als Macher kümmern wie uns ums Konkrete. Wir fragen nicht lange, sondern krempeln die Ärmel hoch und fangen an. – Was gibt es zu tun? Wie geht das? Wer macht was? Was machen wir miteinander? (Viele Mütter finden sich übrigens in dieser Rolle wieder.)

Der Qualitätsmanager

In dieser Rolle wägen wir Für und Wider ab, betrachten kritisch die Ausführung und stellen neue Fragen: Was möchte ich mit dir? Was wünsche ich mir von dir? Was gefällt mir nicht? Wie könnte es besser gehen? Für derartige Fragen ist unser Qualitätsmanager zuständig. (Diese Rolle ist nicht nur eine Eltern-Rolle, schon Dreijährige beherrschen sie perfekt: „Warum???")

„Wann und wozu gehe ich in welche Rolle?" Auf diese Frage gibt es keine pauschale Antwort, denn die Ausgestaltung der Rollen ist für jeden von uns verschieden. Die Rollen können Ihnen im Familienalltag ganz konkreten Nutzen bieten, wenn Sie sich Zeit und Raum nehmen, um Ihre persönlichen Erfahrungen damit zu sammeln. Die Rollen sind uns allen bekannt, doch oft haben wir uns in einer häuslich eingerichtet und darüber die anderen vernachlässigt. Wenn alle Positionen ausgewogen sind, ist das Ergebnis am besten. Deshalb ist es hilfreich, auch in den eher ungewohnten Rollen Erfahrungen zu sammeln.

Interessant ist auch, in der Familie einmal zu schauen, wer denn welche Lieblingsrolle einnimmt. Wie machen es die Kinder, wie die Eltern? Gibt es komplementäre Rollen – zum Beispiel einen Kritiker, der vorzugsweise einen Träumer aufs Korn nimmt und ihn damit zum Schweigen bringt? In diesem Fall wäre dem System schon geholfen, wenn sich ein Realisierer dazwischen schaltet. Oder haben sich Träumer und Umsetzer gemeinsam gegen den Kritiker verbündet? Derartige Koalitionen sorgen für heftigen Zündstoff in Familien. Und wenn wir die Beziehungsmuster einmal unter die Disney-Lupe nehmen, können sich neue Lösungswege öffnen. Manchmal genügt es schon, die Reihenfolge wieder konstruktiv zu gestalten: Erst die Idee, dann die Umsetzung, dann die Kritik – statt jede Idee erst einmal abzuschmettern und sich dann zu wundern, dass es nichts mehr zu tun gibt. Und zusätzlich kann man schauen, ob die drei Rollen gleichgewichtig besetzt sind, oder ob hier Hierarchien bestehen, die das Ganze schwierig machen. („Was ich sage, das gilt!" – „Solange du deine Füße unter meinen Tisch stellst ...")

Disney im privaten Alltag – das ist in vielfacher Hinsicht ein interessantes Thema: Sie können hier interessante Lösungsstrategien für typische Konflikte entdecken. Und für Familien ergibt sich neuer Handlungsspielraum, um einerseits Probleme zu lösen und andererseits neue Formen der Kommunikation spielerisch auszuprobieren.

Nachwort

Nun haben Sie das Buch bis zum Ende gelesen. Vielleicht sind Ihnen schon einige Ideen gekommen, wie Sie das Gelesene in die Tat umsetzen können und in Ihren Alltag integrieren. Vielleicht schwirrt Ihnen aber auch noch der Kopf von so viel Neuem und Sie fragen sich, wie Sie es verarbeiten und umsetzen können. Vielleicht wollen Sie auch zu viel Neues auf einmal ausprobieren, sodass Sie dabei ein bisschen übers Ziel hinausschießen ... (Rom wurde auch nicht an einem Tag erbaut!)

Wie dem auch sei – eine wesentliche Unterstützung, um die neuen Erkenntnisse auf Ihr tägliches Leben zu übertragen, ist eine neugierige und interessierte Grundeinstellung, wie wir sie in den vorherigen Kapiteln beschrieben haben.

Also: Zwingen Sie sich nicht – sondern geben Sie sich Chancen. Kritisieren Sie nicht die alten Verhaltensweisen – sondern würdigen Sie deren positive Seite und bauen Sie darauf auf. Beklagen Sie nicht Misserfolge – sondern betrachten Sie jeden Versuch als wichtige Erfahrung, die Ihnen neue Erkenntnisse darüber bringt, wie der nächste Schritt aussehen kann.

Vielleicht haben Sie sich manchmal des Gedankens nicht erwehren können, alles sei jetzt machbar, man brauche nur die richtige Technik. Abgesehen davon, dass es sich dabei um ein technizistisches Weltbild handelt, das wir nicht teilen, funktioniert auch nicht jeder Mensch nach dem gleichen Schema. Das haben wir bereits im zweiten Kapitel bei den Augenbewegungen betont: Nicht jeder macht sich die Mühe, in ein Modell zu passen. Gerade das macht ja die Individualität aus, den Reiz der Einzigartigkeit. Wer also die Übungen missbrauchen will, um andere Menschen damit umzubauen, wird wohl kaum Erfolg damit haben. Die Grundlage jeder Änderung ist, dass der alte Zustand akzeptiert und gewürdigt wird. Soll er abgeschafft werden, führt das nur zu Widerstand, denn der Teil der Persönlichkeit, der dafür verantwortlich ist, fühlt sich in seiner Existenz bedroht. Wenn wir ihn aber erst einmal akzeptieren, können wir in ihm einen wertvollen Freund finden.

Wer meint, alles sei machbar, betont damit auch die bewussten, aktiven Teile der Persönlichkeit zu stark. Im fünften Kapitel haben wir gesehen, dass die unbewussten Teile mindestens genauso wichtig sind, gerade wenn es um die interne Abstimmung und das natürliche Gleichgewicht der ganzen Person geht.

Sie haben das Buch jetzt einmal gelesen. Damit Sie es nicht nur gelesen haben, sondern auch verstehen, behalten und anwenden, gehören noch weitere Schritte dazu. Lesen Sie das ganze Buch noch einmal, nehmen Sie sich für einen bestimmten Zeitraum (zum Beispiel eine Woche) ein Kapitel vor, das Sie in dieser Zeit auch in Ihrem Alltag anwenden. Erst in der nächsten Woche gehen Sie zum nächsten Kapitel weiter.

Durch diese intensive Beschäftigung fangen Sie an, nicht nur mit dem Kopf zu verstehen, sondern auch auf unbewusste, ganzheitliche Weise. Schließlich ist es

Nachwort

handelt, das wir nicht teilen, funktioniert auch nicht jeder Mensch nach dem gleichen Schema. Das haben wir bereits im zweiten Kapitel bei den Augenbewegungen betont: Nicht jeder macht sich die Mühe, in ein Modell zu passen. Gerade das macht ja die Individualität aus, den Reiz der Einzigartigkeit. Wer also die Übungen missbrauchen will, um andere Menschen damit umzubauen, wird wohl kaum Erfolg damit haben. Die Grundlage jeder Änderung ist, dass der alte Zustand akzeptiert und gewürdigt wird. Soll er abgeschafft werden, führt das nur zu Widerstand, denn der Teil der Persönlichkeit, der dafür verantwortlich ist, fühlt sich in seiner Existenz bedroht. Wenn wir ihn aber erst einmal akzeptieren, können wir in ihm einen wertvollen Freund finden.

Wer meint, alles sei machbar, betont damit auch die bewussten, aktiven Teile der Persönlichkeit zu stark. Im fünften Kapitel haben wir gesehen, dass die unbewussten Teile mindestens genauso wichtig sind, gerade wenn es um die interne Abstimmung und das natürliche Gleichgewicht der ganzen Person geht.

Sie haben das Buch jetzt einmal gelesen. Damit Sie es nicht nur gelesen haben, sondern auch verstehen, behalten und anwenden, gehören noch weitere Schritte dazu. Lesen Sie das ganze Buch noch einmal, nehmen Sie sich für einen bestimmten Zeitraum (zum Beispiel eine Woche) ein Kapitel vor, das Sie in dieser Zeit auch in Ihrem Alltag anwenden. Erst in der nächsten Woche gehen Sie zum nächsten Kapitel weiter.

Durch diese intensive Beschäftigung fangen Sie an, nicht nur mit dem Kopf zu verstehen, sondern auch auf unbewusste, ganzheitliche Weise. Schließlich ist es

Nachwort

Nun haben Sie das Buch bis zum Ende gelesen. Vielleicht sind Ihnen schon einige Ideen gekommen, wie Sie das Gelesene in die Tat umsetzen können und in Ihren Alltag integrieren. Vielleicht schwirrt Ihnen aber auch noch der Kopf von so viel Neuem und Sie fragen sich, wie Sie es verarbeiten und umsetzen können. Vielleicht wollen Sie auch zu viel Neues auf einmal ausprobieren, sodass Sie dabei ein bisschen übers Ziel hinausschießen ... (Rom wurde auch nicht an einem Tag erbaut!)

Wie dem auch sei – eine wesentliche Unterstützung, um die neuen Erkenntnisse auf Ihr tägliches Leben zu übertragen, ist eine neugierige und interessierte Grundeinstellung, wie wir sie in den vorherigen Kapiteln beschrieben haben.

Also: Zwingen Sie sich nicht – sondern geben Sie sich Chancen. Kritisieren Sie nicht die alten Verhaltensweisen – sondern würdigen Sie deren positive Seite und bauen Sie darauf auf. Beklagen Sie nicht Misserfolge – sondern betrachten Sie jeden Versuch als wichtige Erfahrung, die Ihnen neue Erkenntnisse darüber bringt, wie der nächste Schritt aussehen kann.

Vielleicht haben Sie sich manchmal des Gedankens nicht erwehren können, alles sei jetzt machbar, man brauche nur die richtige Technik. Abgesehen davon, dass es sich dabei um ein technizistisches Weltbild auch wichtig, nicht alles und sofort verändern zu wollen. Schon vor 200 Jahren hat Friedrich Oetinger das in einem Gebet formuliert:

> „Gott gebe mir die Gelassenheit,
> Dinge hinzunehmen, die ich nicht ändern kann;
> den Mut, Dinge zu ändern, die ich ändern kann;
> und die Weisheit,
> das eine vom anderen zu unterscheiden."

Wir wünschen Ihnen diese Gelassenheit, den Mut und die Weisheit.

Daniela Blickhan

Claus Blickhan

Wege in die Praxis

Bei vielen Übungen werden Sie gedacht haben, dass sie sich mit anderen zusammen viel einfacher machen ließen als zu Hause im stillen Kämmerlein. Diese Überlegung ist völlig richtig. In einer Gruppe kann man sich gegenseitig weiterhelfen, und man entdeckt vielleicht auch ganz neue Aspekte, an die man vorher noch nicht gedacht hatte.

Sie können sich zum Beispiel mit Freunden zusammentun und eine Übungsgruppe gründen, in der auch ein regelmäßiger Erfahrungsaustausch möglich ist.

Wir führen zu den Inhalten dieses Buches regelmäßig Seminare und NLP-Ausbildungen durch. Wenn Sie mehr erfahren möchten und sich dafür interessieren, schreiben Sie uns:

INNTAL INSTITUT
Daniela und Claus Blickhan
Asternweg 10 a
D-83109 Großkarolinenfeld
Tel: ++49 (0)8031–50601
Fax: ++49 (0)8031–50409

www.inntal-institut.de
mail@inntal-institut.de

Wir freuen uns über Ihre Rückmeldung, was Ihnen an unserem Buch gefallen hat und was weniger. Uns interessiert, wie Sie die Übungen in Ihrem Alltag umgesetzt haben und wie es Ihnen dabei ging. Also – wenn Sie Lust und Laune haben, schreiben Sie uns!